Deutschland in Nahaufnahmen

»Der Journalist, Schriftsteller und Politiker Max Winter hat vor hundert Jahren in Wien die Sozialreportage im deutschsprachigen Raum begründet; seine Stücke zu lesen lohnt sich noch heute: es handelt sich um packende Aufdeckung und Aufklärung. Die von der Bertelsmann Stiftung herausgegebenen deutschen ›Nahaufnahmen‹ knüpfen also an eine große Tradition an. Es handelt sich um eine Vivisektion der Heimat.«

Heribert Prantl, Leiter des Ressorts Innenpolitik, Süddeutsche Zeitung, München

»Ein evidenzbasiertes Update der Sozialreportage im Wirtschaftsjournalismus ist überfällig. Nur die Auseinandersetzung mit Daten und wissenschaftlicher Expertise erlaubt es, den wirklich ›typischen‹ Einzelfall zu recherchieren. Seine gekonnte Darstellung verzerrt das Gesamtbild dann nicht, sondern hilft, es zu verstehen. Die spannenden Beiträge dieses Bandes zeigen, wie es geht.«

Christoph M. Schmidt, Präsident des RWI – Leibniz-Institut für Wirtschaftsforschung Berlin

»Die deutsche Gesellschaft verändert sich rasant. Die Reportagen in ›Deutschland in Nahaufnahmen‹ fangen die Menschen und ihre sehr unterschiedlichen Lebensentwürfe ein. Damit liefern sie eine angenehm unaufgeregte und profunde Gesellschaftsanalyse jenseits von Schlagzeilen und Talkshows. So ist Deutschland im Jahr 2017.«

Anke Hassel, Direktorin des Wirtschafts- und Sozialwissenschaftlichen Instituts (WSI) der Hans-Böckler-Stiftung Düsseldorf

»Diese Reportagen führen einem vor Augen, wie es sich heute lebt in Deutschland: Mit welchen Widersprüchen die Menschen zurechtkommen, wie sie Veränderung gestalten, aber auch welche Wunder sie erleben.«

Heinz Bude, Inhaber des Lehrstuhls für Makrosoziologie an der Universität Kassel

Bertelsmann Stiftung (Hrsg.)

Deutschland in Nahaufnahmen

Sozialreportagen aus dem Land der Sozialen Marktwirtschaft

| **Verlag** Bertelsmann**Stiftung**

Inhalt

223
Herr Zeisset

Einblicke in die deutsche Wirklichkeit

Von Henrik Müller, Andreas Esche und Armando García Schmidt

Am Anfang stand eine knappe Frage: »Wie geht's, Deutschland?« Wir wollten wissen, in welchem Zustand sich diese Gesellschaft befindet, wohin sie nach sieben Jahrzehnten Sozialer Marktwirtschaft gekommen ist, was sie zusammenhält, was sie auseinandertreibt.

Die Wie-geht's-Frage mag simpel formuliert sein, aber sie ist alles andere als einfach zu beantworten. Und wir sind keineswegs die Ersten, die sie stellen. Im Gegenteil: Der öffentliche Raum ist zugestellt mit Antworten, denen es allerdings häufig an Überzeugungskraft mangelt. In den Debatten über den Zustand von Wirtschaft und Gesellschaft dominieren oft das Schrille und das Extreme. Das öffentliche Selbstbild der Nation setzt sich zusammen aus den sehr Armen und den sehr Reichen, den Schönen und den Hässlichen, den Glücklichen und den Verzweifelten. Das Normale findet in der medial vermittelten Wirklichkeit kaum statt. Es gilt als uninteressant.

Im Resultat gerät das medial vermittelte Image moderner Gesellschaften allzu leicht zur Karikatur. Vorurteile und vorschnelle Urteile über den Zustand des Landes haben Konjunktur. Sie schüren Frustration und kollektive Ängste, die wiederum Populisten von links und rechts in die Hände spielen. Wüste Behauptungen sind darunter, extrem zugespitzte Thesen, willkürlich herausgegriffene Zahlen und Fakten, schräge Geschichten über Einzelfälle. Zusammen bilden sie ein narratives Mosaik, das ein (häufig) verzerrtes, (zuweilen) falsches und (manchmal sogar) gefälschtes Bild gesellschaftlicher Realität zeichnet.

Nicht nur die Politik, auch Medien und Wissenschaft sind inzwischen Getriebene eines Wettbewerbs um Aufmerksamkeit, in dem es häufig laut und schmutzig zur Sache geht. So entsteht eine »Lärmspirale«: Wiederholte Tabubrüche lösen in kurzer Folge immer neue Aufregungszyklen aus, denen letztlich niemand entkommt. Schlaglichter und Faktensplitter formen Haltungen, die einer eingehenden Analyse häufig nicht standhalten.

Siehe dazu auch Müller, Henrik (2017). »Populism, De-Globalisation, and Media Competition: the Spiral of Noise«. *Central European Journal of Communication* Vol. 10, No 1 (18). 64–78.

Dieses Buch versucht, einen Kontrapunkt zu setzen. In acht Reportagen erzählen junge Autorinnen und Autoren, allesamt Studierende am Institut für Journalistik der Technischen Universität Dortmund, Geschichten über normale Menschen: über Leute, die nicht schrill, brutal, exhibitionistisch, hoffnungslos verwahrlost, unfassbar dick oder bildhübsch oder sonst wie außergewöhnlich sind. Das mag langweilig klingen, aber das ist es nicht. Jeder Mensch hat eine

Geschichte zu erzählen. Mit den klassischen Tugenden des Reporters lassen sie sich zutage fördern: sich Zeit nehmen, nachfragen, aufmerksam zuhören. Es sind diese Protagonisten, die die Frage »Wie geht's, Deutschland?« am besten beantworten können. Sie stehen für das normale Deutschland. Guter Durchschnitt in seinen vielfältigen Facetten.

Dazu haben wir ein journalistisches Genre aufgegriffen, das aus der Mode gekommen ist: die Sozialreportage. In den 1970er- und 1980er-Jahren war sie ein verbreitetes Format. Sie fand sich in Zeitschriften und auf den Reportageseiten der großen Zeitungen, im Fernsehen und im Radio. In langsamer Art und Weise näherten Sozialreportagen sich dem Alltag, stellten Milieus, Institutionen und Bürger vor, erzählten von ihren Sorgen und Freuden, ihren Problemen und Hoffnungen. So entstanden zurückhaltende Bilder, die in differenzierten Grauabstufungen Ausschnitte der sozialen Realität skizzierten – journalistische Radierungen, keine grellbunten und schnell geschnittenen Videoinstallationen. Sie setzten nicht auf vordergründige Wirkung beim Publikum, sondern auf die Eindringlichkeit der Authentizität.

Allerdings kann die Sozialreportage auch eine problematische Form sein. Denn die Figuren und Orte, die sie in den Fokus nimmt, gewinnen in der Wahrnehmung der Rezipienten eine Pars-pro-Toto-Bedeutung. Indem sie herausgegriffen werden, stehen sie exemplarisch für den Zustand der Gesellschaft. Sozialreportagen, bei denen die Auswahl der Orte und Figuren zufällig oder, schlimmer noch, vorurteilsgetrieben erfolgt, produzieren fast zwangsläufig ein unzutreffendes Bild der Gesellschaft.

Um diesen Fehler zu vermeiden, ist »Deutschland in Nahaufnahmen« ein Projekt, das evidenzbasiert arbeitet. Für den Lehrstuhl für wirtschaftspolitischen Journalismus der TU Dortmund ist Evidenzbasierung das Leitbild guter journalistischer Praxis. Dasselbe gilt für die Bertelsmann Stiftung. Die gemeinnützige Arbeit der Stiftung als Impulsgeber für gesellschaftliche Debatten fußt immer auf empirischer Evidenz.

Das heißt für die Arbeit beider Institutionen: Am Anfang sind die Zahlen; die Analyse – die Arbeit mit den Statistiken – geht der konkreten Beobachtung voran. Welche wirtschaftlichen und gesellschaftlichen Entwicklungen sind in den Daten zu erkennen? Gibt es Brüche in den Zahlenreihen und wenn ja, wie sind sie zu erklären? Deuten sich am aktuellen Rand problematische Entwicklungen an? Welche Historie spiegelt sich in den Zeitreihen? Inwieweit decken sich die Daten mit verbreiteten Urteilen und Vorurteilen? Wo widersprechen sie ihnen? Wie deuten die einschlägigen Wissenschaften diese Entwicklungen?

Auf diese Vorarbeiten folgt bei den Journalisten eine kreative Phase. Welche Geschichten lassen sich erzählen? Was und wie erleben Menschen gesellschaftliche und ökonomische Entwicklungen? Was empfinden sie dabei?

Wie kann der Reporter die gemessene Realität mit dem konkreten Leben abgleichen? Fördert er womöglich neue Erkenntnisse zutage, die wiederum als wichtige Anregungen dienen – für die Politik, aber auch für die Wissenschaft? Die Rolle des Reporters ist, so gesehen, die eines Mittlers. Er ist nicht nur als Auge und Ohr des Mediennutzers unterwegs, sondern er fungiert auch als eine Art Pfadfinder, der erkundet, was gerade mit unserem Gemeinwesen los ist, und diese Befunde zurückspiegelt.

In mehreren intensiven Redaktionssitzungen haben wir in Dortmund und Gütersloh zusammengesessen, haben Themen anrecherchiert, Hypothesen verworfen, Ideen geprüft und zugespitzt. Als Sparringspartner standen uns Experten des Zentrums für Europäische Wirtschaftsforschung (ZEW) in Mannheim zur Seite, die parallel für die Bertelsmann Stiftung an einer datengestützten Bilanz der Sozialen Marktwirtschaft arbeiteten. Diese Studie erscheint in der Serie »Inklusives Wachstum für Deutschland« der Stiftung.

Im nächsten Arbeitsschritt ging es für die Studierenden hinaus ins Feld. Am Beginn des Wahljahres 2017 machten sich die acht jungen Reporterinnen und Reporter daran, die Lage im Land zu erkunden. Ungewöhnlich für die heutige journalistische Praxis, waren die Studierenden angehalten, sich Zeit zu nehmen: Es ging nicht darum, in kurzer Zeit maximalen Output an Zeichen oder Bildern zu produzieren, sondern den Dingen auf den Grund zu gehen, den Protagonisten nahezukommen, vor Ort zu erleben, wie sich die Wirklichkeit anfühlt. Tausende Kilometer reisten die Studierenden durch das Land der Sozialen Marktwirtschaft.

Und sie stellten fest, dass sich manchmal enorme Diskrepanzen auftun zwischen der wissenschaftlich erfassbaren Evidenz und der konkret erlebbaren Realität. Das heißt nicht, dass sich beides notwendigerweise widerspricht. Doch es ist die Aufgabe des Reporters, diese Lücken zu schließen. Eine Aufgabe, die insbesondere beim Schreiben zu lösen ist, das manchmal ein quälender Prozess ist: Es geht ums Verdichten, ums Zuspitzen und, nach langer Recherche, auch ums Weglassen. Am Ende bleibt dem Reporter nichts anderes übrig, als das Gefundene in einer Form zu komprimieren, die es den Lesern ermöglicht, die Quintessenz nachzuvollziehen.

Auch fürs Schreiben haben wir uns Zeit genommen. In mehreren Schleifen wurden Texte vorbesprochen, bearbeitet, umgeschrieben, wieder diskutiert, noch mal überarbeitet. Am Ende steht ein Resultat, dem man die Mühen seiner Entstehung hoffentlich nicht anmerkt, das leicht und präzise daherkommt, ergänzt durch die Bilder des Fotojournalisten Besim Mazhiqi, die die Reportagen visuell unterstützen. Im Kontakt mit den Autorinnen und Autoren hat Besim Mazhiqi »Deutschland in Nahaufnahmen« eine Bildersprache hinzugefügt, die eine ebenso eindringliche wie lakonische ist.

»Deutschland in Nahaufnahmen« zentriert das große Themenfeld der Sozialen Marktwirtschaft auf sein Versprechen, widerstreitende Ziele miteinander zu versöhnen: »Wohlstand für alle« (Ludwig Erhard) ist auf Dauer nicht ohne Wandel zu haben, doch Wandel bedeutet nicht nur Fortschritt, sondern auch Unsicherheit und Verunsicherung; die Bürger wünschen sich Sicherheit, aber ohne Eigeninitiative degeneriert eine Gesellschaft. Es ist dieses Spannungsfeld, das die Matrix sämtlicher Geschichten in diesem Buch bildet.

Mehrere Reportagen schlagen einen generationenübergreifenden Bogen: Ben Schröder zeigt, wie unterschiedlich Regionen mit dem Strukturwandel umgehen, indem er in seiner Geschichte (*Weil nichts bleibt, wie es ist,* Seite 12) die Entwicklung im thüringischen Sonneberg und in der Bayer-Stadt Leverkusen vergleicht. Mona Ameziane stellt in ihrem Text (*»Besser sein als mein Vater«,* Seite 28) drei Frauen aus drei Generationen einer Familie vor, die exemplarisch für die Bildungsexpansion der vergangenen Jahrzehnte stehen. Judith Koch schildert in *Street Credibility* (Seite 42) die gesellschaftlichen Folgen der Wiedervereinigung anhand des Porträts einer einzigen Straße in Leipzig. Jil Frangenberg erzählt in ihrem Text (*Leben am Tresen,* Seite 60) von den Veränderungen der vergangenen 50 Jahre im Leben einer einst prosperierenden Stadt, wie sie sich am Tresen einer Kneipe im Bergischen Land zugetragen haben.

Einige Reportagen konzentrieren sich auf Phänomene am aktuellen Rand. Laura Bethkes Beitrag (*Am Rande des Booms,* Seite 74) geht der Frage nach, wie es sein kann, dass in Zeiten des Fachkräftemangels immer noch Millionen Menschen un- oder unterbeschäftigt sind – und kommt im Gespräch mit Betroffenen zu überraschenden Erkenntnissen. Claudia Wiggenbröker schildert in *Jenseits von Feuchtwangen* (Seite 88) die widerstrebenden Empfindungen, die die Menschen angesichts der Globalisierung umtreiben; ihre Protagonisten hat sie in der bayerischen Provinz und in der Berliner Start-up-Szene gefunden. Weil Wirtschaft und Gesellschaft ohne Unternehmer nicht funktionieren, befassen sich gleich zwei Geschichten mit dieser Gruppe. Anjoulih Pawelka verfolgt in ihrem Text (*Das Schauspiel des Alltags,* Seite 104) den Arbeitsalltag zweier Selbstständiger, um zu ergründen, was diese für Wirtschaft und Gesellschaft zentrale Gruppe heute an- und umtreibt. Daniel Schmitz schließlich wagt einen Blick in die Zukunft (*Die neuen Hoffnungsträger,* Seite 120): Können Social Entrepreneurs – Unternehmer, die nicht nur Geld verdienen, sondern auch gesellschaftliche Probleme lösen wollen – helfen, wenn der Staat angesichts des demographischen Wandels künftig überfordert sein sollte?

Die Reportagen sind Schlaglichter, Nahaufnahmen eben. Doch zusammen ergeben sie ein größeres Bild, das eine Gesellschaft zeigt, die in Bewegung ist: weit davon entfernt, sich saturiert zurückzulehnen – keineswegs rundum zufrieden und gerade deshalb aktiv damit beschäftigt, ihre Zukunft selbst in die Hand zu nehmen. Kurzum, es ist das Porträt einer bunten Nation, die sich selbst manchmal verwundert betrachtet, weil sie sich so stark verändert hat – und sich doch wiedererkennt. Eigentlich ein ermutigendes Resultat.

Wir danken Professor Dr. Andreas Peichl, Martin Ungerer und ihrem Team am ZEW. Sie haben die Datenrecherche für die Reportagen auf der Grundlage ihrer empirischen Arbeit zur Entwicklung der Sozialen Marktwirtschaft unterstützt. Manuela Barišić hat diesen Austausch als Studienleiterin aufseiten der Bertelsmann Stiftung koordiniert. Charlotte Meitler koordinierte die redaktionelle Arbeit. Sibylle Reiter von der Bertelsmann Stiftung redigierte die Texte gemeinsam mit uns. Karsten Kubow, auch er Student der Journalistik in Dortmund, dokumentierte die Arbeit an dem Projekt in Videobeiträgen; so entstand ein »Making of« in Bewegtbildern. Angelika Schomann leistete im Sekretariat des Instituts für Journalistik der Technischen Universität Dortmund wertvolle Unterstützung, ebenso Vanessa Tofing bei der Bertelsmann Stiftung.

Weil nichts bleibt, wie es ist

Wo ist Deutschland besonders dynamisch? Überraschung! In Sonneberg, Thüringen. Die Kleinstadt verzeichnete in den vergangenen Jahrzehnten das stärkste Wirtschaftswachstum bundesweit. Und wo ist die Entwicklung besonders schwach? In Leverkusen, tief im Westen, der Heimat des Bayer-Konzerns. Eine Geschichte über die verschiedenen Gesichter des Strukturwandels.

Von Ben Schröder

Peter Eichhorn erinnert sich gut an den Betonriesen, der hier, auf dieser Wiese, mitten in Sonneberg, zu seiner Kindheit stand. Hoch sei der gewesen, fünf oder sechs Stockwerke, mit kleinen Fenstern, und unglaublich hässlich. Während er erzählt, malt Eichhorn mit den Händen Umrisse in die Luft. Ein paar Meter weiter rattert ein Güterzug durch den Bahnhof. »Das war hier damals eine hochmoderne Anlage. Mit eigenem Gleisanschluss. Da kam zwei- bis dreimal am Tag die Eisenbahn direkt ins Werk gefahren, um Ware abzuholen – Spielwaren, Christbaumschmuck und so weiter. Das wurde dann in alle Welt versandt.«

Kreisstadt im südlichen Thüringen. 23.700 Einwohner im Jahr 2015.

Der Betonriese, er war eine der ersten Niederlassungen von Woolworth in Deutschland. Die US-amerikanische Handelskette lagerte dort ab 1926 Spielwaren, die sie in den Sonneberger Manufakturen erwarb und dann in aller Welt verkaufte.

Damals war Sonneberg das Weltzentrum der internationalen Spielwarenbranche, eine Boomtown am Thüringer Wald. Dann kamen die Nazis, der Krieg, die Sowjets, der Sozialismus, schließlich die Wiedervereinigung, die Globalisierung. Die Kleinstadt an der Grenze zu Bayern schaffte es dabei immer wieder, sich neu zu erfinden, über Generationen, Kriege und Systembrüche hinweg.

Was das bedeutet, hat Peter Eichhorn selbst erlebt. Früher war der Ingenieur Produktionsleiter beim Spielzeugkombinat sonni. Nach dem Ende der DDR, dem Zusammenbruch der Sonneberger Spielzeugindustrie, verlor er seinen Job, wechselte in die Versicherungsbranche. Inzwischen ist er 76 Jahre alt, ein groß gewachsener Mann mit buschigen Augenbrauen und fester Stimme, der sich als Vorsitzender des Seniorenbeirats dafür einsetzt, dass die Belange älterer Bürger in der Kommunalpolitik Gehör finden.

»Kombinat« bezeichnete in sozialistischen Staaten den Zusammenschluss mehrerer Industriebetriebe.

Peter Eichhorn: »Das war hier damals eine hochmoderne Anlage.«

Sonneberg ist eine selten erzählte Erfolgsgeschichte. Es ist die Stadt in Deutschland, die in den vergangenen Jahrzehnten die größten Wohlstandszuwächse erreichte. Mehr als verdreifacht haben sich die Durchschnittseinkommen seit 1992. Die Krise der frühen Jahre nach der Einheit ist längst vorüber. Inzwischen liegt die Arbeitslosenquote bei etwa drei Prozent, weit unter dem deutschen Durchschnitt, es herrscht akuter Fachkräftemangel. Ein Ort, an dem sich exemplarisch studieren lässt, was Strukturwandel bedeutet – und wie er funktionieren kann.

Nach Berechnungen des Zentrums für Europäische Wirtschaftsforschung wuchs das BIP in Sonneberg zwischen 1992 und 2014 um 318,10 Prozent.

Während der Sozialismus den Menschen Stabilität versprach, ist die Marktwirtschaft auf permanenten Wandel ausgerichtet. Neues entsteht, Altes stirbt – »schöpferische Zerstörung« nannte das der österreichische Ökonom Joseph Schumpeter. In dieser Formel verbirgt sich die ganze Ambivalenz des Kapitalismus: Nur Veränderung verspricht Fortschritt, Wachstum, besseres Leben. So wie in Sonneberg. Aber der Wandel bedroht auch Existenzen und er verängstigt Menschen, sogar solche, die gar nicht betroffen sind.

Joseph Schumpeter (1883–1950) gilt durch seine grundlegenden Werke als einer der wichtigsten Ökonomen des 20. Jahrhunderts.

Soziale Marktwirtschaft soll der Zerstörung ihre Spitze nehmen. Wenn es gut läuft, wird damit Fortschritt überhaupt erst möglich, weil Verlierer eine Chance haben, letztlich zu den Gewinnern des Wandels zu gehören. Wenn es schlecht läuft, wird der Wandel verhindert – und die wirtschaftliche Dynamik erdrosselt. In der Bundesrepublik gibt es beides.

Sonneberg: Der Glanz vergangener Tage ist verflogen

Der Gegenentwurf

Industriestadt im Rheinland. 163.500 Einwohner im Jahr 2015.

Gut 450 Kilometer nordwestlich liegt Leverkusen. In vielerlei Hinsicht ist die Stadt am Rhein das Gegenteil von Sonneberg. Leverkusen ist eine Retortenstadt, die es überhaupt nur gibt, weil der Bayer-Konzern sich dort ansiedelte. Der Industrieriese ist eine Ikone des Rheinischen Kapitalismus, ein Unternehmen, das sich um die Belange seiner Mitarbeiter kümmert wie kaum ein anderes, mit starken Gewerkschaften als Partner. Gemeinsam bemühen sich Kapitaleigner und Arbeitnehmervertreter seit Jahrzehnten, niemanden im Regen stehen zu lassen. Der Wandel wird moderiert und wattiert.

Leverkusen ist die Stadt mit dem zweitniedrigsten Wachstum in Deutschland. Um nicht mal acht Prozent stieg die Wirtschaftsleistung pro Kopf seit 1992. Fast-Stagnation auf – zugegeben – hohem Niveau. In einer Zeit, als der Bayer-Konzern sich wandelte und globalisierte und zu einem der teuersten börsennotierten Unternehmen Deutschlands aufstieg, blieb Leverkusen stehen. Seltsam gestrig wirkt es heute. Die Arbeitslosenquote liegt bei etwa neun Prozent, deutlich über dem Bundesschnitt.

Das war nicht immer so. In den frühen Jahren der Bundesrepublik bildeten das Unternehmen und sein Standort eine dynamische Symbiose sondergleichen. Bereits seit dem späten 19. Jahrhundert produzierten die Farbenfabriken vorm. Friedr. Bayer & Co., die heutige Bayer AG, in Leverkusen. Neben Farbstoffen entstanden in den Werken nördlich von Köln auch Medikamente und Chemikalien. Das Unternehmen war 1899 durch die Erfindung von Acetylsalicylsäure bekannt geworden. Der Wirkstoff steht heute auf der Liste unentbehrlicher Arzneimittel der Weltgesundheitsorganisation. Besser bekannt ist er unter seinem Markennamen: Aspirin.

1863 gegründeter Konzern mit Schwerpunkt in der chemischen und pharmazeutischen Industrie. 115.200 Mitarbeiter im Jahr 2016.

1925 wurde Bayer Teil der Interessengemeinschaft Farbenindustrie AG (I.G. Farben), einem Zusammenschluss deutscher Chemieunternehmen. Während der NS-Zeit wurde in den I.G.-Farben-Werken – unter anderem in Leverkusen – auch für die Rüstungsindustrie produziert. Die Alliierten entschieden nach Kriegsende deshalb, die I.G. Farben in einzelne Unternehmen zu zerschlagen, um einer erneuten Aufrüstung Deutschlands vorzubeugen. 1951 wurden die Farbenfabriken Bayer AG gegründet. Sie etablierten sich schnell auf den internationalen Märkten. Medikamente wurden dringend benötigt.

Es begannen hochgradig erfolgreiche Jahre. Der Umsatz verdreifachte sich zwischen 1951 und 1961. Das Kerngeschäft mit Farbstoffen und Medikamenten wurde um Pflanzenschutzmittel, Kautschuke und Kunststoffe erweitert, neue Märkte – insbesondere in Lateinamerika – erschlossen. Bayer wuchs. 58.000 Menschen arbeiteten in 133 Ländern für den Konzern. Die Zeit des westdeutschen Wirtschaftswunders. Und mit Bayer wuchs auch Leverkusen. Das einstige Industriedorf am Rhein lockte immer mehr Menschen an –

mit gut bezahlten Jobs und Rundumbetreuung samt Sport- und Kulturangebot, spendiert vom Industriegiganten.

Als die Hochkonjunktur Mitte der 1960er-Jahre allmählich zu Ende ging, erwies sich die Bayer-Unternehmensstruktur allerdings zunehmend als zu starr und unflexibel für das internationale Geschäft. Eine grundlegende Umorganisation musste her. Um die verschiedenen Märkte und Kunden individueller bedienen zu können, entschied man sich für Dezentralisierung und Divisionalisierung. Das Unternehmen wurde in neun Sparten gegliedert, jeder Bereich bekam ein eigenes Führungsteam. Die Vorstandsmitglieder zogen sich derweil aus dem operativen Geschäft zurück – das sollte Entscheidungsprozesse beschleunigen.

Sieben Jahre dauerte es, bis sich die flexiblere, divisionale Konzernstruktur durchsetzen ließ. Groß waren die internen Widerstände, gering die Bereitschaft zum Wandel.

Dennoch: Nach der Neuorganisation ging es weiter aufwärts – mit der Wirtschaft im Ganzen und mit Bayer und Leverkusen im Partiellen. Bis mit der Rezession Anfang der 1980er-Jahre eine langwierige Schwächephase begann. Plötzlich galt die Bundesrepublik, das einstige Wirtschaftswunderland, als alt, behäbig und träge. Die traditionellen Industriebranchen – von Chemie bis Stahl – gerieten in eine Strukturkrise. Die dominierenden Großkonzerne, konzentriert an Rhein, Ruhr und Main, schienen erneut allzu schwerfällig geworden zu sein.

Eiserner Vorhang vor Sonneberg

Auf der anderen Seite der Mauer hatte zwischenzeitlich ein Strukturwandel von oben stattgefunden. Private Unternehmen, die es bis 1972 noch gegeben hatte, waren zwangsverstaatlicht worden – umgewandelt in Volkseigene Betriebe (VEB), zusammengefasst zu Kombinaten, kommandiert von einer mächtigen zentralen Planungsbehörde. Der Sozialismus in seiner voll bürokratisierten Ausbaustufe hielt Einzug, auch in Sonneberg – der einstigen »Weltspielwarenstadt«, einem Ort geprägt von industriellem Mittelstand, wo Generationen von Familien in Manufakturen und in Heimarbeit genäht, modelliert, gestopft und gestrickt hatten, wo zeitweise die Hälfte der auf dem Weltmarkt gehandelten Puppen und Plüschtiere produziert worden war, wo sich Unternehmer prächtige Villen errichten ließen, die heute dann doch eine Nummer zu groß für eine Kleinstadt in Thüringen wirken. »Es ist bemerkenswert, wie weltmännisch und global in Sonneberg schon vor hundert Jahren gedacht wurde«, sagt Heiko Voigt, heute Bürgermeister von Sonneberg. »Die Industriellen pflegten enge Kontakte in die USA, schickten ihre Kinder zum Studieren nach Amerika. Die USA wiederum eröffneten hier ein Konsulat, um die Beziehungen weiter zu intensivieren.« Für eine so kleine Stadt absolut unüblich.

Rechtsform von Industrie- und Dienstleistungsbetrieben in der DDR.

All das verschwand nun endgültig im engen Raum hinter dem Eisernen Vorhang. Der VEB sonni Spielwaren wurde zum Stammbetrieb des Kombinats Spielzeug, zu dem außerdem die VEBs Plüti (Plüschtiere) und Piko (Modelleisenbahnen) gehörten. Was und wie viel produziert wurde, entschieden die Lenker der Planwirtschaft in Berlin-Mitte. Immer noch war ein Großteil der Produktion für den Export bestimmt, nun allerdings überwiegend in die sozialistischen Bruderländer.

Sammelbegriff für die mit der DDR befreundeten sozialistischen Staaten, vorrangig Mitgliedstaaten des Rates für gegenseitige Wirtschaftshilfe und des Warschauer Pakts.

Mit dem Mauerfall änderte sich in Sonneberg erneut alles. Für die großen Spielzeugmacher der Stadt bedeutete das Ende der DDR letztlich den Ruin. Die Sowjetunion, bis dato wichtigster Abnehmer von Spielwaren, zerfiel und versank in einer Wirtschaftskrise. Die deutsch-deutsche Währungsunion verteuerte Ostwaren drastisch. Sonneberg, der Ort, der fast ein Jahrhundert lang vom Export gelebt hatte, war plötzlich nicht mehr konkurrenzfähig.

Bürgermeister Voigt vergleicht den Niedergang der Sonneberger Industrie nach dem Mauerfall mit dem Sterben der Zechen im Ruhrgebiet – nur dass der Zusammenbruch in Sonneberg viel schneller ging. Über Nacht sozusagen.

Viele der Arbeitnehmer aus Sonneberg wurden nach dem Ende der DDR von bayerischen Betrieben abgeworben. Die konnten die Fachkräfte gut gebrauchen. Für die Menschen war das gut, sie wurden so nicht arbeitslos. »Der Stadt aber ging dadurch extrem viel Know-how verloren«, sagt Voigt. Auch Peter Eichhorn verlor damals seine Stelle als Produktionsleiter bei sonni.

Bürgermeister Heiko Voigt

»Mutter« kümmert sich

1989, im Jahr des Mauerfalls, war Rolf Wissem ausgelernt. Der heute 62-Jährige hatte bei Bayer 1986 eine Ausbildung zum Chemikanten begonnen. »Aus wirtschaftlichen Gründen«, sagt der Leverkusener. »Damals war ganz klar: Wenn du einmal bei Bayer bist, bleibst du da für den Rest deines Berufslebens.« Deswegen nannte man das Unternehmen in Leverkusen zu dieser Zeit auch »Mutter«.

Chemikanten sind verantwortlich für die Vorbereitung, Durchführung und Kontrolle von Produktionsprozessen bei der Herstellung von chemischen Produkten.

Trotz seiner Familiengeschichte – sein Vater und die drei Brüder schafften bereits bei Bayer – sei es nie sein Ziel gewesen, beim Chemie- und Pharmakonzern einzusteigen, sagt Wissem. Er wollte seinen eigenen Weg gehen. Wissem lernte nach der Schule zunächst Maler und Lackierer, wurde damit aber nicht glücklich. Auch als stellvertretender Filialleiter eines Einrichtungshauses in Leverkusen fühlte er sich nicht wohl. Einer seiner Brüder besorgte ihm daraufhin die Ausbildung bei »Mutter«. Als Chemikant arbeitete Wissem fortan an der Herstellung von Latex für die Auto- und die Schuhbranche. Zu seinen Aufgaben zählte unter anderem, Chemikalien zu mischen und die Kessel zu bestellen. »Die Arbeit hat mir Spaß gemacht. Chemikant zu sein, ist sehr abwechslungsreich, das war mir wichtig.«

Gesundheit, Landwirtschaft, Kunststoffe und Chemie – das Angebot des Leverkusener Konzerns konzentrierte sich zu dieser Zeit auf vier Säulen. Insbesondere die Teilbereiche Pharma und Pflanzenschutz hatten sich während der Rezessionen in den 1970er- und 1980er-Jahren als robust erwiesen. Arzneimittel werden schließlich immer benötigt und Landwirte bestellen die Felder auch in Zeiten von Wirtschaftskrisen. Gleich nach dem Millenniumswechsel riss ausgerechnet ein Medikament den Konzern in die größte Krise seiner Geschichte.

Rolf Wissem in seinem Lieblingscafé

In den USA traten 2001 Probleme mit dem Cholesterinsenker Lipobay auf. In Kombination mit anderen Medikamenten verursachte es erhebliche Nebenwirkungen. Die Konzernführung in Leverkusen entschied im August 2001, Lipobay in Europa und den USA vom Markt zu nehmen. Aus Unternehmenssicht ein Desaster. Imageverlust, Umsatzeinbruch. Nur wenige Tage später steuerten Terroristen zwei Flugzeuge in das World Trade Center in New York, die internationalen Börsen kollabierten. Die Bayer-Aktie fiel unter zehn Euro. Der Konzern musste handeln.

Man entschied sich zu einem radikalen Schritt: der Ausgliederung der Kerngeschäftsbereiche. Die Segmente Gesundheit (HealthCare), Pflanzenschutz (CropScience), Polymere (Polymers) und Chemie (Chemicals) gingen in rechtlich eigenständige Tochtergesellschaften über. Unter dem Dach einer neu geschaffenen Holding gehörten sie aber weiter zum Konzern. Zunächst. Denn vom Bereich Chemie und etwa einem Drittel des Polymergeschäfts trennten sich die Leverkusener zwei Jahre später vollständig. Das Unternehmen Lanxess entstand. Damit endete bei Bayer die Zeit der klassischen Chemie, die das Unternehmen einst groß gemacht hatte. Ein heftiger Einschnitt.

2004 gegründeter Spezialchemie-Konzern. Umsatz 2015: 8,5 Mrd. Euro, Mitarbeiter 2015: 18.200.

Die Umstrukturierungen brachten gleichzeitig den größten Personalabbau in der Unternehmensgeschichte mit sich. Zwischen 2002 und 2005 musste der Konzern weltweit rund 12.000 Stellen streichen, davon allein 2.000 in Deutschland. »Mutter«, sie musste Härte zeigen.

Astrid Geissler war damals an den Verhandlungen mit den Arbeitnehmervertretern beteiligt. Heute verantwortet sie die Personalpolitik von Bayer in Deutschland. »Wir waren uns der sozialen Verantwortung bewusst und wollten unsere Mitarbeiter und Mitarbeiterinnen in der Krise nicht im Stich lassen. Wir alle, sowohl die Konzernführung als auch die Betriebsräte, haben in konstruktiven Verhandlungen darum gerungen, eine für alle Parteien tragfähige

Astrid Geissler auf dem Weg in ihr Büro

Lösung zu finden.« Mit zwei sogenannten Standortsicherungsvereinbarungen verpflichtete sich Bayer unter anderem, auf betriebsbedingte Kündigungen zu verzichten und den notwendigen Stellenabbau sozial verträglich zu gestalten. Heißt: Diejenigen, die gehen, sollten das freiwillig tun. Zum Beispiel durch großzügige Abfindungszahlungen.

Außerdem richtete Bayer gesellschaftsübergreifende Beschäftigungspools ein, aus denen heraus Mitarbeiter, deren Arbeitsplatz weggefallen war, in andere Bereiche und Standorte verteilt werden konnten. Das verhinderte Kündigungen. Im Endeffekt könne man zufrieden sein, wie der Konzern die Krise mit den Mitarbeitern bewältigt habe, sagt Geissler.

Das bestätigt auch Rolf Wissem, obwohl er sagt: »Nach der Ausgliederung waren wir erst mal sauer. Da war dieses Gefühl, verkauft worden zu sein.« Das Vertrauen in »Mutter« wankte, Existenzängste machten sich breit. »Als Ehemann und Vater muss man immer schauen, dass es irgendwie weitergeht. Und es war ja erst mal gar nicht klar, wie es bei Lanxess laufen wird.«

Es lief gut. Am 31. Januar 2005 wurde die Lanxess-Aktie erstmals gehandelt. Gegen Börsenschluss betrug der Kurs rund 14 Euro. Im Mai 2017 kostete eine Aktie knapp fünfmal so viel. Rolf Wissem wurde während der Jahre nach der Gründung in den Lanxess-Betriebsrat gewählt; er blieb bis 2014 im Unternehmen. Seitdem befindet er sich im Vorruhestand.

Für Leverkusen, das mit Bayer über Jahrzehnte gewachsen war und von der Prosperität des Unternehmens lebt, blieben die Krise und die damit verbundenen Umstrukturierungen allerdings nicht ohne Konsequenzen: In den Jahren nach Lipobay brachen die Gewerbesteuereinnahmen erheblich ein. 2003 zahlte die Bayer AG in Leverkusen »praktisch keinen Cent«, wie es der damalige Stadtkämmerer ausdrückte, im Etat klaffte ein Defizit von 90 Millionen Euro.

Bis heute hängt Leverkusen an den Entscheidungen der Unternehmensführung. 2014 fehlten der Stadt rund 28 Millionen Euro – die Hälfte der geplanten Gewerbesteuereinnahmen –, weil der Konzern nach einer Investition von seinem Recht Gebrauch machte, gezahlte Steuern zurückzuverlangen. Der Haushaltsplan war so von einem auf den anderen Tag nicht mehr zu gebrauchen. Das sei im »tiefsten Maße frustrierend gewesen«, sagt Frank Stein, Kämmerer der Stadt Leverkusen. »Da musste ich erst mal durchatmen und zwei Nächte drüber schlafen.«

Trotzdem gebe es in Leverkusen nur wenige Möglichkeiten, einen breiteren Mittelstand anzusiedeln und so die Abhängigkeit zu reduzieren, sagt Stein. »Einerseits gibt es dafür natürliche Grenzen – zum Beispiel wegen fehlender Bauflächen. Andererseits sind Unternehmensansiedlungen im größeren Stil weder politisch noch von der Bevölkerung gewollt.« Die Strategie der Zukunft laute deshalb: Bestehendes erhalten. »Zum Beispiel über reizvolle Gewerbesteuersätze für die Unternehmen, die schon hier sind.«

Ein Hauch einstiger Internationalität

In Sonneberg produzieren nur der Modelleisenbahn-Hersteller Piko und ein paar wenige Kleinbetriebe bis heute Spielwaren. Einer von ihnen ist die Teddybären-Manufaktur von Sina Martin. Die 27-Jährige leitet das Sonneberger Traditionsunternehmen Martin Bären in fünfter Generation. Mit der Herstellung handgemachter Teddybären bedient Martin heute eine Nische, sagt sie. »Mit der modernen Massenproduktion – zum Beispiel in den asiatischen Ländern – kommen wir nicht mehr mit, das ist klar. Wir produzieren Spielzeug für Menschen, die Spaß am Individuellen, am Selbstgemachten, am Regionalen haben, Sammler und Liebhaber.«

Verkauft werden die Martin-Bären vor allem in Deutschland, Österreich und der Schweiz. Gelegentlich flattern aber auch Bestellungen aus ferneren Ländern wie Russland, Australien und Japan herein – ein Hauch der einstigen Internationalität der Sonneberger Spielzeugindustrie. Als sie acht Jahre alt war, hat ihre Großmutter Trude, die Martin Bären nach der Ausgliederung aus dem früheren VEB wiederaufbaute, ihr gezeigt, wie die Holzwolle mit Trichter und

Sina Martin und ihre handgefertigten Bären

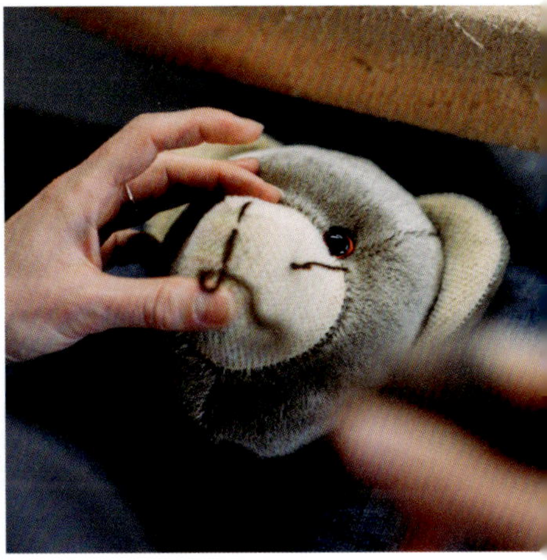

Die Seele des Bären:
Holzwolle

Stopfeisen in den Bären kommt. Eine außerordentlich anstrengende Arbeit, die Erfahrung und Geschick erfordere, erzählt Martin. Auch der Schnitt der Stoffe und das Besticken von Mund und Augen müssen gelernt sein. Ein Handwerk, das in der Weltspielwarenstadt langsam ausstirbt.

Nach dem Fall der Mauer musste sich die Wirtschaft in Sonneberg wegen des Niedergangs der Spielzeugindustrie grundlegend neu aufstellen. Man habe sich darauf konzentriert, Mittelständlern einen guten Standort zu bieten, sagt Bürgermeister Heiko Voigt. Standortpolitik hatte Priorität: passgenaue Infrastruktur schaffen, zügig Baugenehmigungen erteilen – der Staat als Dienstleister, nicht als Obrigkeit. Offenbar mit Erfolg: Sonneberg ist heute ein beliebter Standort für Unternehmen aller Couleur. Seit Jahren punktet die Stadt mit zweistelligen Wachstumsraten.

»Viele der Unternehmen in Sonneberg suchen Mitarbeiter, um weiter wachsen zu können«, sagt Marco Kuhnt, Wirtschaftsförderer von Sonneberg. Nur sei die Region nach vielen Jahren der Abwanderung gen Westen ausgedünnt. Um die Unternehmen bei der Suche nach Fachkräften zu unterstützen, wirbt die Stadt unter anderem auf Messen – bis ins Ruhrgebiet. »In Sonneberg gibt es genug Arbeit, in anderen Regionen von Deutschland nicht. Eben dort wollen wir Menschen vom Standort überzeugen«, so Kuhnt.

Wirtschaftsförderer
Marco Kuhnt

Auch in Sonneberg ragt die Vergangenheit sichtbar in die Gegenwart. Das ehemalige sonni-Verwaltungsgebäude thront noch heute wie ein Denkmal über der Stadt. Ein graues Hochhaus, gebaut mit einer Menge DDR-Pragmatismus. Den einstigen Vorzeigebetrieb der DDR-Spielwarenwirtschaft gibt es nicht mehr. In der Sonneberger Innenstadt, in einem Ein-Euro-Laden, stapeln sich heute Kartons mit Spielwaren aus Fernost.

Der nächste Schock

In Leverkusen warten sie derweil auf den nächsten Schock in Sachen Strukturwandel: die Genehmigung der Kartellbehörden. Im September 2016 hatte Bayer angekündigt, den US-amerikanischen Biotechnologie-Konzern Monsanto übernehmen zu wollen. Durch den Zukauf könnten die Leverkusener zum weltweit größten Anbieter von Saatgut und Pflanzenschutz werden. Der vereinbarte Preis: 66 Milliarden Dollar. Es wäre die bisher teuerste Übernahme durch ein deutsches Unternehmen. Die Geschäftsfelder Gesundheit und Agrarwirtschaft würden im Unternehmen damit zu zwei etwa gleich großen Säulen. Eine Entscheidung der internationalen Wettbewerbshüter erwartet Bayer bis Ende 2017.

1901 gegründetes Unternehmen, das ursprünglich Saatgut und Herbizide produziert und seit den 1990er-Jahren in den Bereichen Biotechnologie und Gentechnik aktiv ist.

»Unter den Mitarbeitern gibt es natürlich auch Skepsis hinsichtlich der geplanten Übernahme«, sagt Bayer-Personalmanagerin Astrid Geissler. »Einige hätten es wahrscheinlich lieber gesehen, wenn die Pharmasparte gestärkt worden wäre.« Nur, sagt Geissler, für 66 Milliarden Dollar gebe es im Pharmabereich kein geeignetes, in ähnlichem Maße wertschaffendes Übernahmeziel. Die Rationalität eines internationalen Konzerns ist eben nicht mehr unbedingt deckungsgleich mit den Interessen seiner Heimatstandorte.

In Medien war nach der Übernahmeankündigung viel über den schlechten Ruf von Monsanto zu lesen. Der Konzern verwendet Biotechnologie zur gentechnischen Veränderung von Feldfrüchten wie Mais und vertreibt Pflanzenschutzmittel. Er schade der Umwelt und gerade auch den Entwicklungsländern, wo Monsanto seine Produkte vertreibt.

Klar ist: Sollte die Übernahme trotz aller Bedenken von Umweltaktivisten und Wettbewerbshütern gelingen, gewinnt der Bereich CropScience im Unternehmen weiter an Gewicht. Für die Mitarbeiter bedeutet das erneute Unsicherheit. Spart der Konzern damit in Zukunft im Pharmabereich? Nein, sagt Astrid Geissler, in den kommenden Jahren sicher nicht. Mindestens bis 2020 werde es keine betriebsbedingten Kündigungen bei Bayer geben, habe das Unternehmen mit den Arbeitnehmervertretern vereinbart. Außerdem bleibe die CropScience-Unternehmenszentrale und -Forschung im nordrhein-westfälischen Monheim und geplante Investitionen an deutschen Standorten würden nicht gestrichen. »Mutter«, sie kümmert sich wieder.

Strukturwandel

Das Entstehen neuer Wirtschaftszweige und das Absterben alter Branchen gehören zur Marktwirtschaft. Ohne Wandel bleibt der Fortschritt stecken. Aber der Wandel ist mit hohen Kosten verbunden, weil er Existenzen zerstören und Lebenswege durcheinanderbringen kann. Die Soziale Marktwirtschaft soll beides miteinander versöhnen: Wandel und Dynamik einerseits, Stabilität und Sicherheit andererseits. So sind auf dem Arbeitsmarkt graduelle Verschiebungen über die Zeit zu beobachten, keine plötzlichen Strukturbrüche. Gleichwohl hat sich die Struktur der Wirtschaft in den zurückliegenden Jahrzehnten deutlich verändert.

Erwerbstätige nach Wirtschaftsbereichen, 1950–2016 (in Prozent)

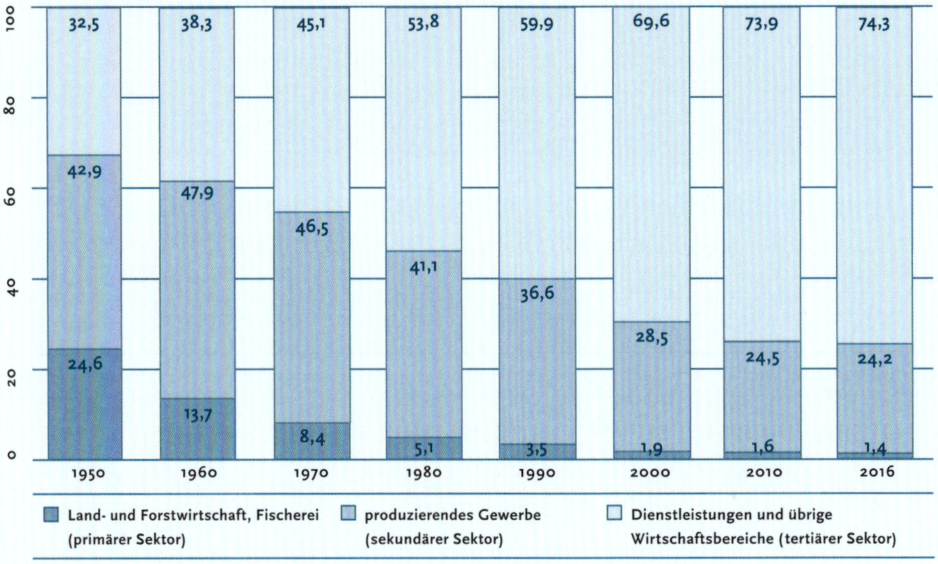

Quelle: Statistisches Bundesamt, Ergebnisse der Erwerbstätigenrechnung im Rahmen der Volkswirtschaftlichen Gesamtrechnungen (VGR) 2016

Die Tabelle zeigt die prozentuale Verteilung von Erwerbstätigen auf die drei großen Wirtschaftsbereiche Land- und Forstwirtschaft, produzierendes Gewerbe und Dienstleistungen in Deutschland von 1950 bis 2016. Seit 1950 ist der Anteil der Beschäftigten im produzierenden Gewerbe von 42,9 Prozent auf 24,2 Prozent zurückgegangen.

Wachstumsregionen

In Deutschland insgesamt nahm das Bruttoinlandsprodukt pro Kopf zwischen 1992 und 2014 um 30 Prozent zu. Große Unterschiede zeigen sich allerdings auf regionaler Ebene: Nach Berechnungen des Zentrums für Europäische Wirtschaftsforschung wuchs die thüringische Kleinstadt Sonneberg am stärksten (318,1 Prozent). Am langsamsten wuchs Kaufbeuren (16,5 Prozent), auf dem vorletzten Platz findet sich der Bayer-Unternehmensstandort Leverkusen (17,8 Prozent).

Ungleiches Wirtschaftswachstum, 1992–2014

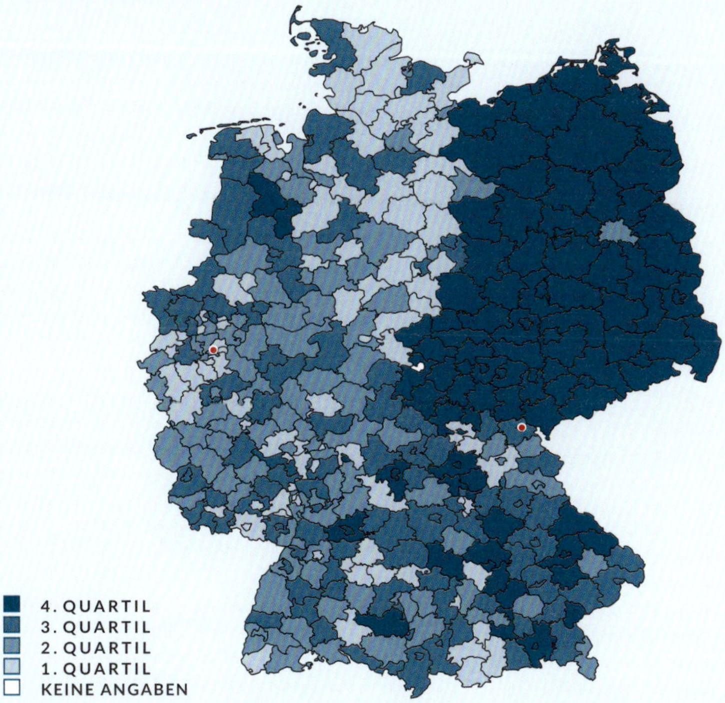

Quelle: Volkswirtschaftliche Gesamtrechnungen der Länder (2016), Berechnungen des Zentrums für Europäische Wirtschaftsforschung (ZEW) 2016

Die Abbildung zeigt das kumulierte Wirtschaftswachstum pro Kopf in Kreisen und kreisfreien Städten zwischen 1992 und 2014. Das vierte Quartil beinhaltet das Viertel der Kreise mit den höchsten Wachstumsraten. Es reicht von 318,1 Prozent (Sonneberg) bis 91,7 Prozent (Salzgitter). Das erste Quartil bildet das Viertel mit den niedrigsten Wachstumsraten. Es reicht von 51,58 Prozent (Weilheim-Schongau) bis 16,5 Prozent (Kaufbeuren). Sonneberg in Thüringen und Leverkusen in Nordrhein-Westfalen sind hervorgehoben.

»Besser sein als mein Vater«

Binnen drei Generationen hat sich das Bildungssystem in Deutschland radikal verändert. Nie hatten so viele Menschen Zugang zu Wissen wie heute. Insbesondere Frauen haben davon profitiert. Ein Segen, denn Bildung bedeutet persönliche Freiheit. Und ein Fluch, denn Freiheit sät Zweifel. Ein Gespräch mit Karolina, Bettina und Katharina – drei Frauen, drei Generationen, 70 Jahre deutsches Bildungssystem.

Von Mona Ameziane

Der erste Schultag? Karolina schweigt, zuckt nur mit den Schultern. Sie kann sich nicht erinnern. Es waren schwere Zeiten damals. Einen Monat vor ihrer geplanten Einschulung hatten schwere Bombenangriffe ihre Heimatstadt Brühl getroffen, viele Gebäude wurden zertrümmert, mehr als 150 Menschen starben. Die Bilder haben sich ihr ins Gedächtnis gebrannt: wie sie Tag für Tag mit ihrer Mutter und ihren Geschwistern in einem Bunker Zuflucht suchte. Wie ihr Bruder sie einmal aus dem Schlaf riss, weil eine Bombe im Garten eingeschlagen war und einen gigantischen Krater gerissen hatte. Wie ihr Vater verletzte Menschen aus den Trümmern eines Hauses vorne an der Hauptstraße zog. Und wie sie als Sechsjährige ganz selbstverständlich über die Toten gestiegen ist.

Karolina als junges Mädchen

Aber Schule? Die war Nebensache damals. Vermutlich, sagt sie, sei sie am 1. April 1946 eingeschult worden, ein Jahr später. Es war kein großes Ereignis: »Da wurd' auch kein Zirkus draus gemacht wie heute mit Schultüten und dem ganzen Kram. Das gab es alles nicht. Da ging man einfach in die Schule rein und dann war's das.« Wahrscheinlich hätten ihre Geschwister sie damals einfach mitgenommen: »Die fünfzehnte Einschulung war auch für meine Eltern nichts Besonderes mehr.«

Karolina wurde im Januar 1939 als jüngstes von 15 Kindern geboren: zehn Schwestern, fünf Brüder. Als sie zur Welt kam, waren bereits zwei ihrer Brüder gestorben, ein dritter fiel kurz darauf im Krieg. »Wir mussten uns in unserem Haus immer zu dritt ein Bett teilen«, erzählt Karolina. »Das war eine arme Zeit, aber auch eine sehr schöne Zeit.« Arm, aber schön. Das betont Karolina immer wieder.

Heute ist Karolina 78 Jahre alt. Sie sitzt in ihrem Wohnzimmer auf einem grauen Stoffsofa. Während sie erzählt, hören ihre Tochter Bettina und ihre Enkelin Katharina zu. Drei Frauen, drei Generationen. An ihnen lässt sich nachzeichnen, wie tiefgreifend die Bildungsexpansion die deutsche Gesellschaft verändert hat, wie sich insbesondere die Lebensperspektiven von Frauen erweitert haben – und wie schwierig es gelegentlich ist, all die gewonnenen Freiheiten als Chancen zu verstehen. Dabei war Karolina durchaus wissbegierig. »Ich bin gerne zur Schule gegangen. Ich hatte einen alten Ranzen mit einer Schiefertafel drin und an der Seite hingen mein Schwamm und das Trockentuch heraus. Wir mussten auch immer weiße Schürzen tragen mit einer großen Schleife auf dem Rücken. Je größer die Schleife, desto schicker war man.«

Der Begriff »Bildungsexpansion« beschreibt die massive Ausweitung der Zugangsmöglichkeiten zum Studium ab den späten 1960er-Jahren.

Drei Generationen im Gespräch

Schule bedeutete aber auch eine gelegentliche Extraration Essen. »Von den Amerikanern haben wir in den Nachkriegsjahren immer mal wieder Essen in unsere Klasse bekommen. Erbsensuppe, eine Handvoll Nüsse oder ein kleines Täfelchen Schokolade. Das war immer was ganz Besonderes.« Karolina hält kurz inne und überlegt. Dann sagt sie: »Wenn ich das jetzt so erzähle, dann hört sich das an wie eine schlimme und furchtbar arme Zeit. Aber wir haben das damals gar nicht so empfunden. Niemand hatte ja was. Man war einfach irgendwie zufrieden.«

Als Karolina neun Jahre alt war, starb ihr Vater an einer Lungenkrankheit, die Folge seiner Arbeit als Bergmann. Viel weiß Karolina nicht mehr über ihn. Nach seinem Tod war ihre Mutter plötzlich mit sechs Kindern allein. Das Geld war knapp, sehr knapp. »Damit wir alle genug zu essen und ein paar ordentliche Kleider hatten, mussten meine älteren Geschwister mithelfen. Meine Schwestern haben Kleider gestrickt und sie für 15 Mark das Stück verkauft«, erinnert sie sich. »Außerdem haben wir zwei von fünf Schlafzimmern in unserem Haus vermietet, um noch etwas mehr Geld zu bekommen.«

Die Staublunge oder Pneumokoniose war eine weit verbreitete Erkrankung unter Bergleuten.

Vier Jahre lang besucht Karolina die Grundschule, danach weitere vier Jahre die sogenannte Volksschule, die erst später im Zuge der Bildungsreform zur Hauptschule werden sollte.

Karolina schlug jenen Bildungsweg ein, den schon vor ihr all ihre Geschwister gegangen waren, so wie die meisten damals. Von den gut sieben Millionen Schülern, die im Mai 1950 registriert waren, besuchten 88 Prozent die Volksschule. »Für uns war an eine höhere Schule gar nicht zu denken. Nur die Leute mit viel Geld konnten ihre Kinder auf eine andere Schule als die Volksschule schicken. Unsere Nachbarn zum Beispiel, die hatten ein großes Zigarettengeschäft. Deshalb konnten ihre Kinder auf die Oberschule gehen. Schlauer als wir waren die aber sicherlich nicht. Damit hatte das früher nichts zu tun.«

Der Volksschulunterricht findet in den 1950er-Jahren unter schwierigen Bedingungen statt. Ein Lehrer muss im Schnitt 48 Schüler betreuen. Es geht hart und autoritär zu, Schläge zur Bestrafung sind an der Tagesordnung. Karolina kann sich noch gut an ihre ersten und einzigen Prügel vor versammelter Klasse erinnern: »Man hatte ja früher als Mädchen so wollige Unterröcke in Weiß oder Rosa an. Von denen habe ich, wenn mir langweilig war, so kleine Flöckchen abgezuppelt und unter meiner Bank zu winzigen Deckchen zusammengelegt. Als mich der Lehrer einmal dabei erwischt hat, hat er mich von meinem Platz weggeholt, über die Holzbank gelegt und dann hat der mich geschlagen. Mit dem Rohrstock und dann zack, zack, zack, zack. Auf die Hände, auf den Hintern, auf alles eigentlich. Dabei hatte ich gar nicht gesprochen. Nur so ein bisschen gezuppelt. Das war schon eine Ungerechtigkeit. Dieses Erlebnis hat mich irgendwie mein ganzes Leben lang begleitet.« Erst 1973 wird die Körperstrafe in Deutschland per Gesetz verboten.

In Nordrhein-Westfalen wurde die körperliche Züchtigung in Schulen 1971 durch Runderlass für unzulässig erklärt, bundesweit erst 1973.

Karolina 1950

Nach acht Jahren verlässt Karolina die Schule mit dem Volksschulabschluss. Sie ist 15 Jahre alt. So geht es fast allen; 94 Prozent beenden in den 1950er-Jahren die Schule nach der achtjährigen Schulpflicht. Nur 4,5 Prozent eines Jahrgangs machen Abitur. Für Mädchen ist der Weg ohnehin vorgezeichnet. Das Rollenbild ist klar umrissen: Hausfrau und Mutter. Der Frauenanteil unter den Studierenden geht in dieser Zeit sogar zurück, die Berufschancen für Akademikerinnen sind schlecht. Das Geld verdient der Mann.

Doch Karolina will arbeiten. Sie will Friseurin werden. »Ich hab' schon als Kind gern Frisuren ausprobiert und fand das so toll, dass man als Friseurin mit den Leuten über ihr Leben spricht.« Doch sie findet zunächst keine Lehrstelle. Erst im November 1954 kann sie durch den privaten Kontakt eines Schwagers ihre Ausbildung bei einem Friseurmeister in Frechen beginnen, etwa 20 Kilometer von Brühl entfernt. Eine schlimme Zeit, erinnert sie sich heute: »Mein Chef war ein ganz furchtbarer Mann. Der hatte so ein Blatt mit 15 Regeln drauf, an die wir uns halten mussten. Zum Beispiel durften wir keine Privatgespräche mit Kundinnen führen. Wurde eine von uns trotzdem mal dabei erwischt, hat er unseren Kopf gegen die Wand gehauen.« Einmal sitzt Karolina morgens aus Versehen im falschen Zug, kommt zu spät zur Arbeit und wird dort verprügelt. Anders als die Schule macht die Ausbildung ihr Angst.

Nach dem zweiten Lehrjahr schaltet sich die Friseurinnung ein, die Handwerkskammer entzieht dem Salon die Ausbildungserlaubnis und Karolina muss die Lehrstelle wechseln. Ihren zweiten Lehrvertrag hat sie heute noch; darauf ist handschriftlich die Einschreibegebühr von fünf Mark vermerkt. Im zweiten Lehrjahr verdient Karolina 35 Mark pro Monat, im letzten Lehrjahr sind es dann zehn Mark mehr.

Karolina absolvierte ihre Ausbildung zur Friseurin in den 1950er-Jahren

Ihre älteren Geschwister heiraten und bekommen Kinder. Wie viele Nichten und Neffen sie insgesamt hatte, weiß sie nicht mehr genau. An ihren Händen zählt sie ab: »15, 17, 22 ..., also 25 waren es bestimmt. Ich war bei meiner Geburt schon mehrfache Tante und allein meine älteste Schwester hatte elf Kinder.« Sie lacht. Auch Karolina heiratet. Mit Manfred, ihrem Mann, ist sie inzwischen 53 Jahre verheiratet. Nach der Hochzeit muss Karolina ihren Job aufgeben; sie zieht zu ihrem Ehemann nach Marl, einer mittelgroßen Stadt im nördlichen Ruhrgebiet, wo er bei den Chemischen Werken Hüls als Malermeister arbeitet. Sie wird Hausfrau und ein Jahr nach der Hochzeit zum ersten Mal schwanger. Anfangs sei es schwierig gewesen, von zu Hause wegzugehen. »Aber als ich dann angefangen habe, meine eigene Familie aufzubauen, war ich wirklich glücklich.«

1938 in Marl gegründet. Seit 2007 als Chemiepark Marl Teil von Evonik Industries. Weiterhin größter Arbeitgeber in Marl mit rund 10.000 Beschäftigten.

Zwei Jahre nach der Geburt der ersten Tochter kommt im März 1967 Bettina zur Welt. Heute sitzt sie im Alter von 49 Jahren auf dem Sofa ihrer Eltern –

gemeinsam mit ihrer eigenen Tochter Katharina, 22 Jahre alt. Die Vertrautheit zwischen den drei Frauen ist deutlich zu spüren. Während Karolina von ihrem Leben erzählt, hören Bettina und Katharina interessiert zu. Obwohl sie die Geschichte schon so gut kennen, dass sie sie wahrscheinlich genauso gut selber erzählen könnten, lachen sie laut, als Karolina davon erzählt, wie sie als Kind auf einem Schwein über den hauseigenen Hof geritten ist.

Bettina ist in Marl aufgewachsen und hat ihr bisheriges Leben dort verbracht. Mit drei Jahren kommt sie in den Kindergarten, mit sechs in die Grundschule. Ihr Zeugnisheft aus den ersten vier Schuljahren sieht vorbildlich aus. Lesen: gut. Mathematik: gut. Häuslicher Fleiß: sehr gut. »In der Grundschule hat mein Vater immer meine Hausaufgaben kontrolliert und darauf geachtet, dass ich ordentlich arbeite. Zum Beispiel durften meine Zahlen beim Rechnen nie über die Kästchen reichen.« Das ändert sich, als Bettina im Jahr 1977 aufs Gymnasium wechselt: »Vor allem in Fächern wie Französisch, Englisch oder Biologie konnten wir ihr gar nicht helfen. Das haben wir früher ja alles gar nicht gelernt«, sagt Karolina.

Seit ihrer eigenen Schulzeit hat sich im deutschen Bildungssystem eine Menge getan. Die 1960er- und 1970er-Jahre sind geprägt von wirtschaftlichem Aufstieg, steigenden Geburtenraten und schnellem wissenschaftlichem Fortschritt. Vor allem in den 1960er-Jahren finden tiefgreifende Bildungsreformen statt. Auslöser ist der Erziehungswissenschaftler Georg Picht, der mit seiner Artikelserie »Die deutsche Bildungskatastrophe« für Aufsehen sorgt. In seinen Veröffentlichungen kritisiert er den Rückstand der westdeutschen Schulen im internationalen Vergleich und fordert mehr höhere Abschlüsse. Im sogenannten Hamburger Abkommen 1965 verabreden die Bundesländer erste Reformen. Aus der Volksschule wird die Hauptschule, auch die Bezeichnungen Grundschule, Realschule und Gymnasium werden vereinheitlicht. Mit dem Abkommen der Ministerpräsidenten verlängert sich außerdem die Schulpflicht von acht auf neun Jahre und der Fremdsprachenunterricht ab der fünften Klasse wird eingeführt.

Georg Picht (1913–1982) war Philosoph, Theologe und Pädagoge.

Auch in die Bildung von Frauen und Mädchen wollten die Politiker investieren, vor allem um ihnen einen besseren Berufseinstieg zu ermöglichen. So sollen die Hochschulen breiteren Schichten geöffnet werden. Im Wintersemester 1964/65 gab es gerade einmal 305.000 Studierende im damaligen Bundesgebiet. Auch im Jahr 1970 begannen nur elf Prozent der Schüler des Jahrgangs ein Studium. Bis zum Wintersemester 1985/1986 erhöht sich die Zahl der Studierenden insgesamt zwar auf mehr als 1,3 Millionen. Doch Frauen sind immer noch unterrepräsentiert; der Anteil der Studentinnen liegt erst bei knapp 38 Prozent, als Bettina Abitur macht, als Erste in ihrer Familie.

In den 1950er-Jahren war nur ein Fünftel der Studierenden weiblich, 2017 stellen Frauen die Hälfte aller Studierenden.

Nach dem Abitur ein Hochschulstudium zu beginnen, kommt für Bettina damals dennoch nicht infrage. Wie ihre große Schwester beginnt sie eine

Tochter Bettina

Ausbildung zur Pharmazeutisch-Technischen Angestellten, kurz PTA. »Mein Vater wollte immer, dass meine Schwester und ich was Sicheres machen. Eine Ausbildung bei der Bank oder im Marler Chemiewerk wäre ihm am liebsten gewesen. Klar, die Nachkriegsgeneration hat schon sehr früh angefangen, zu arbeiten und Geld zu verdienen, und deshalb hat er damals wahrscheinlich nicht so viel vom Studium gehalten.«

Seit 28 Jahren arbeitet Bettina nun schon in ein und derselben Apotheke in Marl. Sie mag ihre Arbeit und bereut ihre Entscheidung nicht. Aber jetzt, da ihre eigene Tochter Katharina studiert, wünscht sie sich gelegentlich, auch diese Möglichkeit gehabt zu haben. Karolina nickt zustimmend: »Ich auch, muss ich ganz ehrlich sagen.«

Enkelin Katharina sitzt in ihrem Sessel und blickt Mutter und Oma mit einer Mischung aus Belustigung, Unverständnis und Überraschung an.

Enkelin Katharina

Seit dreieinhalb Jahren studiert die 22-Jährige Geschichte und Katholische Theologie an der Westfälischen Wilhelms-Universität in Münster und wohnt dort zusammen mit drei anderen Studentinnen in einer Wohngemeinschaft. Eigentlich war ihr Weg schon früh vorgezeichnet. In der Beurteilung auf ihrem ersten Grundschulzeugnis steht: »Mit besonderem Interesse hat Katharina am Religionsunterricht teilgenommen. Sie war in der Lage, sich aktiv und konzentriert mit zwischenmenschlichen Fragen und Gestalten aus der Bibel auseinanderzusetzen. Die Geschichte von Josef und seinen älteren Brüdern hat ihr gut gefallen.«

Seit den 1960ern in Deutschland weit verbreitete Form des gemeinschaftlichen Lebens: mehrere Studierende in einer Wohnung.

Auch das Interesse für geschichtliche Themen ist schnell aufgefallen. Katharina nimmt an der Römer-AG teil, geht in ihrer Freizeit gern ins Museum und wählt am Gymnasium Geschichte zu einem ihrer Leistungskurse. Ihr Ziel fürs Abitur: »Besser sein als mein Vater. Der hatte bis dahin mit 2,8 den besten Abischnitt der Familie.« Katharina macht ihr Abitur im Frühjahr 2013 mit einem Schnitt von 1,9. Sie ist der letzte Jahrgang, der in NRW noch G9 macht, also nicht schon nach zwölf Jahren mit der Schule fertig ist.

Kürzel für die neunjährige Gymnasialzeit bzw. 13-jährige Gesamtschulzeit.

Direkt nach dem Abitur entscheidet sie sich fürs Studium, bewirbt sich, aus Angst keinen Studienplatz zu bekommen, gleichzeitig an 13 Universitäten in Deutschland für die Fächer Geschichte und Religion auf Lehramt. Trotzdem hat sie das Gefühl, dass sie noch einen Plan B braucht, und informiert sich über die Möglichkeiten, ein sogenanntes Freiwilliges Soziales Jahr, kurz FSJ, zu machen. »Obwohl ich mich eigentlich schon fürs Studium entschieden hatte, war ich sehr unsicher, ob das die richtige Entscheidung war. Ich habe so lange hin und her überlegt und mir die unterschiedlichen Ratschläge meiner Familie angehört, bis ich irgendwann selber nicht mehr wusste, was ich eigentlich will.« Im Sommer landen nach und nach die Zusagen der Universitäten in ihrem Postfach. 13 Stück. Sie entscheidet sich für Münster.

Katharina genießt eine Wahlfreiheit, von der ihre Oma und ihre Mutter nicht zu träumen gewagt hätten. Aber Freiheit kann verunsichern. So wachsen Zweifel, auch Selbstzweifel. Nach den ersten Studiensemestern fragt sie sich, ob das Fach Religion wohl das Richtige für sie ist. »Ich hatte eine Art Glaubenskrise und war mir plötzlich nicht mehr sicher, ob das, was ich da studiere, wirklich das Richtige für mich ist.« Katharina überlegt, das Studium abzubrechen, bewirbt sich um eine Ausbildungsstelle bei der Polizei, beim Bundeskriminalamt, beim Zoll und bei der Bundeswehr. Und bleibt dann doch an der Uni. »Ich hab' das nur gemacht, um zu sehen, ob ich im Notfall mit den Dingen, die in meinem Lebenslauf stehen, auch noch andere Möglichkeiten hätte.«

Die Ausbildung von Polizeivollzugsbeamten nimmt in Nordrhein-Westfalen das Landesamt für Ausbildung, Fortbildung und Personalangelegenheiten wahr.

Der Lebenslauf, eine wichtige Größe. Mit ihren 22 Jahren hat Katharina schon drei Praktika in verschiedenen Bereichen absolviert und sich fast durchgehend ehrenamtlich engagiert: Messdiener betreut, freiwillige Dienste in einer Bücherei übernommen, Seniorenbetreuung, Mitarbeit im Sachausschuss Jugend der Kirchengemeinde.

Während Katharina erzählt, nickt ihre Mutter. Das alles sei wichtig, Praktika und Ehrenämter würden den zukünftigen Arbeitgebern schließlich zeigen, wie engagiert und motiviert man ist. In einer Zeit, da fast die Hälfte eines Jahrgangs studiert, ist der Wettbewerbsdruck enorm. Man muss sich unterscheiden. Ob sie selber früher Praktika gemacht und sich Alternativen für ihre Zukunft überlegt hat? Sie stockt kurz und lacht dann. »Nein.«

Katharina: »Ich glaube, dieser Druck ist ein Ding unserer Generation. Jedes Mal wenn ich ehrenamtlich etwas anfange, denke ich als Erstes: Oh super, das kannst du dann ja auch auf deinen Lebenslauf schreiben, dann wird der noch ein bisschen voller.«

Bettina: »Also wenn ich mich an meine Ausbildungszeit erinnere, dann hatte ich irgendwie damals auch gar keine Zeit für ein Ehrenamt.« Katharina (lacht): »Haben wir heute auch nicht. Und wir machen es trotzdem.«

Katharina überwindet ihre Selbstzweifel. Sie bleibt an der Uni, aber sie wechselt die Richtung: weg vom Lehramt, hin zum reinen Geschichts- und Religionsstudium. Heute, zwei Jahre später, hat sie ihre Bachelorarbeit abgegeben und sich für die beiden Masterstudiengänge »Geschichte« und »Christentum in Kultur und Gesellschaft« eingeschrieben. Entscheiden muss sie sich diesmal nicht zwischen den zwei Möglichkeiten, sie möchte beide Master parallel studieren.

PISA-Schock. Bologna-Prozess. Bachelor. Master. Zentralabitur. All das sind Begriffe, die die Bildungspolitik der letzten Jahrzehnte geprägt haben. Wieder hat sich binnen 30 Jahren viel verändert. Und immer noch gibt es viel zu kritisieren: Das deutsche Bildungssystem sei zu ungerecht, zu teuer, zu ineffizient, zu wenig innovativ, der Lehrplan durch den Wechsel zu G8 zu vollgestopft, die Grundschule zu kurz, die Unterschiede zwischen den Bundesländern zu groß. Andererseits gab es in Deutschland noch nie so viel Bildung wie heute. Im Wintersemester 2016/17 waren 2,8 Millionen Studierende an deutschen Universitäten eingeschrieben, genauso viele Frauen wie Männer. Sie hatten die Wahl zwischen 426 Hochschulen mit rund 18.800 Studiengängen: von Abenteuer- und Erlebnispädagogik über Nachhaltiges Produktmanagement bis zur Wirtschaftsphysik. Dazu kommen duale Studiengänge, Auslandsprogramme und Berufsausbildungen.

Das Programme for International Student Assessment (PISA) ist eine internationale Schulleistungsuntersuchung der OECD.

Der Bologna-Prozess zielt auf eine europaweite Harmonisierung von Studiengängen.

Zusammen haben Karolina, Bettina und Katharina mehr als 70 Jahre lang das deutsche Bildungssystem erlebt. 70 Jahre, in denen sich vieles gewandelt hat und in denen die Zahl der erwerbstätigen Frauen und Mütter stetig angestiegen ist. Nie in der Geschichte der Bundesrepublik haben Frauen mehr Zeit ihres Erwachsenenlebens auf dem Arbeitsmarkt verbracht, nie gab es so viele Studierende in Deutschland, nie so viele offene Türen und Möglichkeiten.

Drei Frauen. Drei Generationen. Drei Lebenswege. Wer hatte es in Sachen Bildung am leichtesten? Wer hatte die größte Freiheit, über sein Leben zu entscheiden?

Bettina: »Ich hatte schon das Gefühl, dass ich frei war. Vielleicht habe ich mich von meiner Schwester leiten lassen, die vor mir die Ausbildung zur PTA gemacht hat. Ohne sie hätte ich mich vielleicht mehr damit beschäftigt, was es noch so gibt, und vielleicht hätte ich dann ja auch was ganz anderes gemacht. Und du Katharina?«

Katharina: »Wenn ich ehrlich bin, ist diese übergroße Wahlfreiheit total überfordernd. Wir haben fast schon zu viele Möglichkeiten. Wir können so viele verschiedene Sachen machen – nicht nur in Deutschland, sondern auch in anderen Ländern. Ich fand das wirklich schwierig und frag' mich manchmal auch, ob man diese ganzen Spezialisierungen alle wirklich braucht.«

Mutter und Großmutter Karolina

Karolina: »Ihr habt einen Überfluss, den wir nicht hatten. Unser Weg war viel mehr vorgezeichnet, du wurdest irgendwo hingestellt und dann hieß es: Das machst du jetzt. Und dann hat man das gemacht und das reichte dann auch. Ich hab' mich ziemlich frei gefühlt, ich hatte Glück. Ich konnte das machen, was ich machen wollte. Aber viele konnten das nicht. Die haben dann so schnell es ging geheiratet und so konnte man die Geldsorgen dann auch lösen.«

Sie hält einen Moment inne. Die drei Frauen schweigen, überlegen. Dann sagt Karolina in die Stille hinein: »Ganz ehrlich? Obwohl wir im Krieg geboren sind und manchmal nicht mal was Richtiges zum Anziehen hatten, glaube ich, dass wir es leichter hatten als zum Beispiel die Generation von Katharina. Viele konnten früher ihre Ziele nicht verwirklichen, aber heute hab' ich das Gefühl, dass viele Jugendliche gar keine richtigen Ziele mehr haben.«

Bildungsexpansion und Aufholjagd

Noch nie gab es in Deutschland so viele Menschen mit gehobenem Bildungsabschluss. Dabei gilt: je jünger, desto besser ausgebildet. In der Altersgruppe der 25- bis 29-Jährigen haben inzwischen 78 Prozent einen Realschulabschluss, die Hochschul- oder Fachhochschulreife. In der Altersgruppe ab 60 Jahren sind es nur 31 Prozent. Über viele Jahre benachteiligte das deutsche Bildungssystem Frauen. So kommt es, dass unter den über 65-jährigen Frauen der Anteil derjenigen ohne Berufsabschluss dreimal so hoch ist wie unter gleichaltrigen Männern. Zwei Drittel der Frauen dieser Altersgruppe verfügen lediglich über einen Volksschulabschluss. Ganz anders das Bild in den jüngeren Altersgruppen: Unter den 25- bis 29-Jährigen können 51 Prozent der Frauen Abitur oder Fachhochschulreife vorweisen, aber nur 45 Prozent der Männer. An deutschen Hochschulen sind gegenwärtig etwa genauso viele Frauen wie Männer eingeschrieben.

Berufliche Bildungsabschlüsse 2015 (in Prozent)

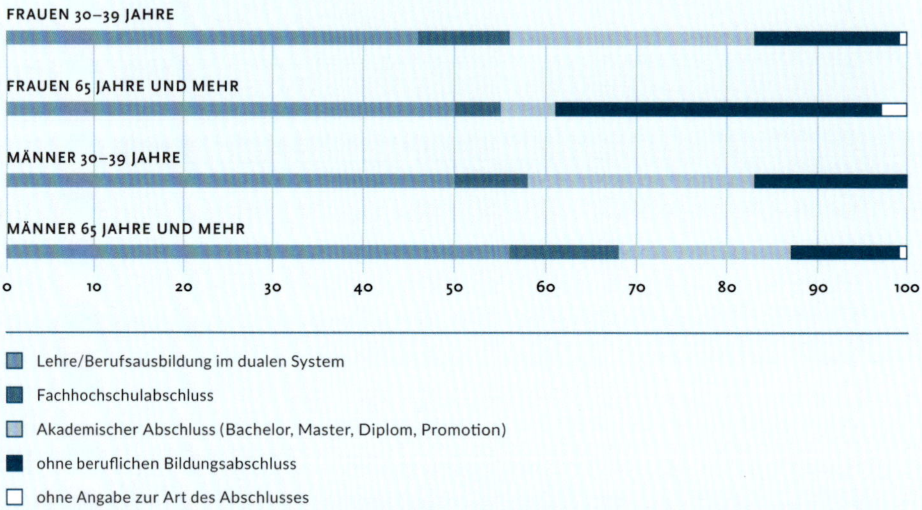

Quelle: Statistisches Bundesamt 2016

Verbleibender Rückstand

Auf dem Arbeitsmarkt sind die Auswirkungen der Bildungserfolge von Frauen bislang nicht vollständig angekommen. Zwar ist die deutsche Beschäftigungsquote deutlich gestiegen und auch im internationalen Vergleich hoch, aber immer noch niedriger als die der Männer. In Führungspositionen sind Frauen bislang unterrepräsentiert.

Erwerbstätigenquote der 20- bis 64-Jährigen in Deutschland nach Geschlecht 2000–2015 (in Prozent)

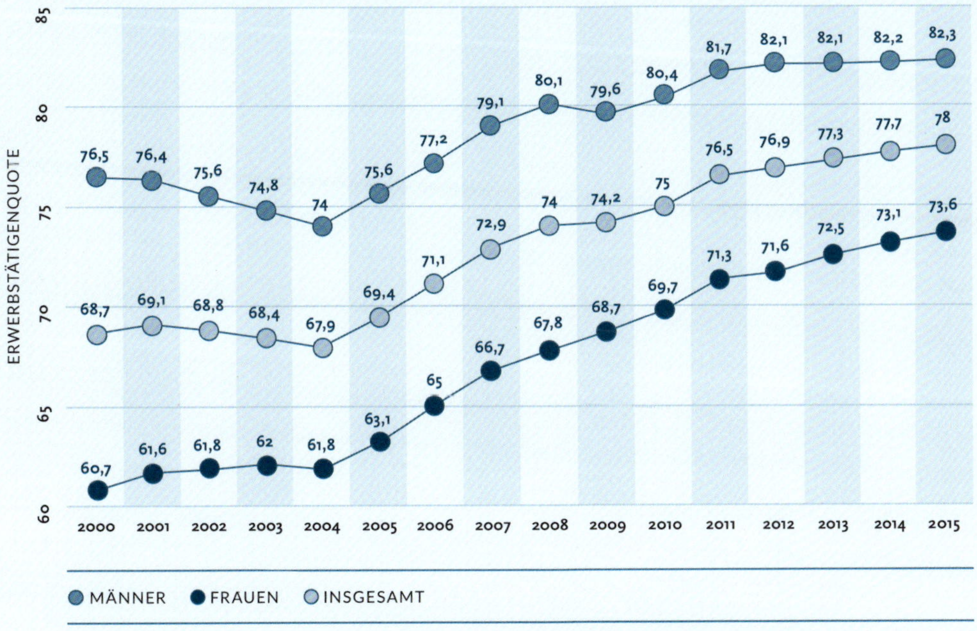

Quelle: Statista 2017

Die Statistik zeigt die Erwerbstätigenquote der 20- bis 64-Jährigen in Deutschland nach Geschlecht in den Jahren von 2000 bis 2015. Im Jahr 2015 betrug die Erwerbstätigenquote aller Frauen im Alter zwischen 20 und 64 Jahre 73,6 Prozent, die von Männern 82,3 Prozent.

K MPASS · HELA
83
FAHRSCHULE
H. Liebmann-/Eisenbahnstr.
frisches Angebot!

Street Credibility

Leipzig boomt. Aber nicht überall. Die Eisenbahnstraße gilt als gefährlichste Straße Deutschlands. Auf engstem Raum mischen sich verschiedenste Nationalitäten, Kulturen, Biografien und soziale Schichten. Eine Spurensuche.

Von Judith Koch

Auf dem Gehsteig nahe der Linie 3 in Richtung Taucha liegt kaum noch Schnee. Schmatzend treten in regelmäßigen Abständen Füße über dieselbe matschige Stelle. Die Tram-Haltestelle Einertstraße ist der Durchgang in ein ungewöhnliches Viertel. Hier beginnt die Eisenbahnstraße. Es riecht nach verbranntem Holz, die trockene Winterluft streift fröstelnd hochgezogene Schultern. Flüchtige, abgeklärte Blicke schweifen den Straßenzug entlang – offenbar imstande, das »Nur zu Besuch« auf der Stirn von Neuankömmlingen zu lesen. Ein Rollstuhlfahrer mit zerfurchtem Gesicht biegt schlingernd in eine Seitenstraße ab. Die Räder hinterlassen feine Rillen. Hinter einer beschlagenen Scheibe mit der Aufschrift »Bäckerei & Stehcafé« rührt ein älterer Herr Kondensmilch in seinen Kaffee.

Eine Ecke weiter, an der Neustädter Straße, wurde voriges Jahr am helllichten Tag ein Rocker erschossen. Kurz dahinter, am Rabet-Park, läuft ein Mann von Mitte 30 in Bomberjacke über den angrenzenden Aldi-Parkplatz und verleibt sich den Inhalt einer ganzen Tüte Chips ein. Es ist der umsatzstärkste Aldi von ganz Leipzig: Discount für Disqualifizierte.

Das Rabet ist ein Park im Osten Leipzigs, der im Norden bis an die Eisenbahnstraße reicht und im Rahmen der Stadtumbaustrategie 2007 fertiggestellt wurde.

In den dicht an dicht gebauten Häusern leben Menschen 73 verschiedener Nationalitäten. Im Leipziger Osten beträgt der Migrantenanteil 30 Prozent. Für ostdeutsche Verhältnisse ist das ungewöhnlich. Für bundesdeutsche nicht. Ebenfalls höher als in anderen Teilen der Stadt ist hier die Quote von Hartz-IV-Empfängern, aber auch der Studentenanteil ist hier besonders hoch. Eine Mischung, die der Eisenbahnstraße ein eigenes Gesicht verleiht und sie von der Norm im Rest der Stadt kappt.

Doch die Eisenbahnstraße ist nicht nur für ihre Sozialstatistik bekannt. Auch in der Polizeistatistik ist sie eine bekannte Größe. Hier sollen Gewalt, Drogen und Kriminalität an der Tagesordnung liegen. Die Leipziger Polizei spricht von einem »kriminalgeografischen Schwerpunkt«, Boulevard-Medien reden von der »gefährlichsten Straße Deutschlands«. Wer wohnt hier freiwillig? Und: Wie lebt es sich hier eigentlich?

13 Uhr, es ist Mittagszeit im Brothers, einer Mischung aus türkischem Café und Restaurant an der Kreuzung Eisenbahn-/Hermann-Liebmannstraße. »Das hier ist der eigentliche Haupteingang der Eisenbahnstraße«, sagt Yakut, der Neffe des Besitzers. Er grinst. Nur kurz hat er sich Zeit genommen, gleich muss er weitere Kunden bedienen. Hibbelig dreht er den Salzstreuer vor sich auf dem Tisch hin und her. Seit zwölf Jahren lebt der 21-jährige Kurde in der Eisenbahnstraße. »Hier ist es wie in meiner Heimat – außer dass hier Deutsch gesprochen wird.« Im Brothers durchmischen sich nicht nur Sprachen, sondern auch Bildungsschichten, Milieus, Hautfarben, Jung und Alt. Dies ist ein Ort für alle »Eisenbahner«, wie sich die Anwohner selbst nennen.

Ei
hnstraße
WIR KLEBEN
Fight Dublin IV
KIRCHENASYL AUSHEBELN?
Dublin IV.
Fight Dublin IV
MENSCHENLEBEN AUFS SPIEL SETZEN?
Dublin IV.
Halim Dener
29.12.2016
WEEPSHITTER
SQUEERIL
Velo

thers

TOPCAR
NEUERÖFFNUNG
03.02.10

EINGANG
ALDi
Netto!
PENNI

Türkische Männer, die Köpfe über dampfenden Teegläsern zusammengesteckt, schnippen rhythmisch die Perlen ihrer Tesbih-Ketten über ihre Handrücken. Am runden Tisch daneben sitzt eine junge Mutter mit drei blonden, in Niki und Filz gekleideten Kindern. Die junge Familie isst Mercimek Corbasi, eine türkische Linsensuppe. Ein bulliger Glatzköpfiger steht von seinem Barhocker auf, um sich sein Tagesgericht mit Reis an der Theke abzuholen. Unmittelbar vor der schaufenstergroßen Glasscheibe des Restaurants sitzen zwei Hipster dicht nebeneinander und blicken zur Straße hinaus. Die Reifen der Autos zerfurchen den Schneematsch. Gedankenverloren halten die zwei jungen Männer ihre großen Tassen mit Milchkaffee in der einen Hand, während sie mit der anderen ihre asymmetrischen Haarschnitte durchkämmen.

Die Tesbih-Kette oder Misbaha ist eine in islamischen Kulturen gebräuchliche Gebetskette.

»Frohes Neues!«, ruft Yakut immer wieder in das gedämpfte Gewirr aus Stimmen. »Na wie geht's, alles gut bei dir, Bruder?« Die Schlange an der Theke scheint nicht abzubrechen. Auch am Wochenende steht Yakut um fünf Uhr auf. Sein Onkel hat das Restaurant erst letztes Jahr eröffnet. Der Laden läuft besser, als Yakuts Familie es erwartet hätte. »Für uns ist das Leben hier sehr gut. Aber es gibt auch viele, die arbeiten gar nicht. So läuft das nicht. Von nichts kommt ja nichts«, sagt er und steht auf. Er muss weiterarbeiten. Sprachfetzen – Deutsch, Türkisch, Arabisch, Russisch verschmelzen zu einem Klang. Unterbrochen wird er dann, wenn die Tür aufgeht und ein neues Gesicht in das warme Refugium schlüpft.

»Eisenbahnstraße, Paranoia ist nicht weit – 18:30 Uhr, Rushhour, Kripozeit – Auslandsbezirk, schnelles Geld und Vertrieb – Messer raus, rein, Kilo Rip, unser Gebiet.« Der Leipziger Rapper Omik K bedient alle Klischees. In »Wir sind Straße« rappt er über Gewalt, Drogen, Bandenkriege und Razzien. Profane Texte, aufgebauscht mit der üblichen Street Credibility des Gangsterraps – beschreibt das den Alltag? Lebt in dieser angeblich so gefährlichen urbanen Problemzone tatsächlich eine Parallelgesellschaft?

Rapper aus Leipzig mit kubanischen Wurzeln, der einen eigenen deutschsprachigen Rapstil geprägt hat.

Übersetzt »Straßenglaubwürdigkeit«, bedeutet im Jargon der Rapper, dass die Liedtexte auf eigener Erfahrung basieren.

Die Polizei hat vor drei Jahren eine eigene Außenstelle eingerichtet. Anlass war eine gewalttätige Auseinandersetzung zwischen zwei Großfamilien mit Migrationshintergrund. Das war am 22. Juni 2014. Nur wenige Wochen danach war der Polizeistandort »Eisenbahnstraße« fertig. Die Polizei verspricht Erreichbarkeit rund um die Uhr. Im Vorbeigehen wirkt die Wache verlassen. Überhaupt fühlt sich ein Gang durch die Eisenbahnstraße für Außenstehende überraschend harmlos an. Aber das täuscht.

Ehemalige Anwohner berichten von einschneidenden Erlebnissen. »Die Übergriffe wurden irgendwann zu krass«, erzählt Philip Köhler. Eine Zeit lang hat der 23-jährige Student der Politikwissenschaft mit seiner damaligen Freundin in der Straße gelebt. Nach zweieinhalb Jahren hielten sie es nicht mehr aus. Fast täglich wurde sie sexistisch beleidigt. »Der Unterschied zwischen einem

Leben auf der Eisenbahnstraße für Männer und für Frauen ist extrem.« Irgendwann sei seine Ex-Freundin nur noch einen Umweg über Seitenstraßen zur Haltestelle Friedrich-List-Platz gegangen, erzählt Köhler. Die nächstgelegene Haltestelle Einertstraße war zu gefährlich.

Verschiedentlich wurden sie Zeugen von gewalttätigen Auseinandersetzungen zwischen ihren Nachbarn. Einmal habe er den Krankenwagen rufen müssen, erinnert sich Köhler. »Von der Lage her war es natürlich praktisch.« Und günstig. Für 76 Quadratmeter in Uninähe zahlten sie 470 Euro warm. Im Leipziger Osten wohnt man preiswerter als im Rest der Stadt. Die Leipziger Mieten sind immer noch so niedrig wie in keiner anderen deutschen Großstadt. Und auf der Eisenbahnstraße sind sie noch niedriger.

Dazu kommt ein Schuss Exotik in einer ansonsten immer noch sehr deutschen Großstadt. Neben Läden mit asiatischen, arabischen und russischen Originalprodukten stößt man auf Exoten wie einen deutschen Fleischer, der Bison,

Martin Aßmann bietet exotische Spezialitäten an

Känguru, Nutria und Zebra verkauft. »Meine Kunden kommen extra aus dem Stadtzentrum her«, sagt Martin Aßmann, der Inhaber der Dr. Sehmisch & Partner GmbH. Er macht ein gutes Geschäft, betreibt einen Lieferservice und steht unter der Woche mit seinem Verkaufsauto in verschiedenen Stadtteilen. »Leipzig erlebt einen Wahnsinnsaufschwung, das merkt man an jeder Ecke«, sagt Aßmann. Aber nicht alle profitieren davon.

Schräg gegenüber von Aßmanns Geschäft befindet sich ein Supermarkt, den er selbst noch nie betreten hat. Der Laden heißt »Im Angebot« und das ist keine Untertreibung. Ein Markenjoghurt kostet 30 Cent, das teuerste Produkt ist eine 1,5-Kilo-Packung Cabanossi eines bekannten Fleischproduzenten für 4,80 Euro. Lebensmittel zu Niedrigpreisen, dauerhaft. Kistenweise finden sich neben randvoll mit Tiefkühlware befüllten Gefriertruhen Stapel von Joghurtpaletten, eingeschweißten Wurstwaren, Feinkostsalaten und verschiedenen Käsesorten. Dieser Laden ist ein einziger Kühlraum, den nur ein gelblicher Kunststoffvorhang vom Eingangsbereich trennt. Wer diesen Raum betritt, geht nicht aus Spaß auf Schnäppchenjagd. Das Geld ist knapp, für viele Anwohner.

Feste Rohwurst aus Rind- und Schweinefleisch, in Süd- und Osteuropa verbreitet.

Leipzig ist eine der deutschen Städte mit der höchsten Armutsquote. Daran haben die wirtschaftliche Blüte und das Bevölkerungswachstum wenig geändert. Knapp ein Viertel der Einwohner gilt als arm. Für einen allein lebenden Deutschen heißt das, mit weniger als 900 Euro im Monat auskommen zu müssen. 2015 lebte in dieser Stadt jedes vierte Kind in einer Hartz-IV-Familie. Die Kinderarmutsquote war damit höher als in den sächsischen Städten Dresden und Chemnitz.

Die Armutsquote lag in Leipzig und im Umland laut Paritätischem Gesamtverband zwischen 2005 und 2015 immer über 20 Prozent.

Der Aldi ist Anlaufpunkt für viele in der Eisenbahnstraße

Am östlichen Ende der Eisenbahnstraße sitzen Kinder in den Klassen, bei denen stelle sich nicht die Frage: Werde ich Arzt oder Rechtsanwalt? »Wir reden hier von Abschluss oder kein Abschluss«, sagt Damaris Seidler. Die 26-jährige Lehrerin unterrichtet Englisch, Sport und Musik an der 16. Oberschule im Leipziger Stadtteil Volkmarsdorf. »Viele meiner Schüler haben nie gesehen, was möglich ist im Leben. Auch im Sinne von: Was will ich? Es gibt hier halt irgendwie kein Dream Big.« Sozialpolitische Schlüsselbegriffe wie Chancengleichheit und soziale Durchlässigkeit stoßen manchmal auf eine harsche Realität.

АДАМ СЭНДЛЕР
КЛИК
КЕЙТ БЕКИНСЕЙЛ КРИСТОФЕР УОКЕН
АЗИРИС НУНА
Линия Защиты
ЗОНА
9 РОТА
ПЕРВЫЙ ПОСЛЕ БОГА
DER ERSTER NACH DEM GOTT

Es geht darum, an der »Durchlässigkeit« zu arbeiten, sagt die SPD-Bundestagsabgeordnete Daniela Kolbe, die ihr Büro am Friedrich-List-Platz unweit der Eisenbahnstraße, hat. Sie gibt sich betont optimistisch. Als Studentin habe sie selbst auf der Eisenbahnstraße gewohnt. »Es war eine schöne Zeit«, sagt sie. »Das Viertel hat ein riesiges Potenzial.« Damit die Schere nicht weiter auseinandergehe, seien vor allem eine gute Bildungspolitik und das Quartiersmanagement wichtig. Besonders in die Jugend setzt Kolbe große Hoffnungen.

Quartiersmanagement ist ein Verfahren der Stadtentwicklung zur Planung der Entwicklung von Ortsteilen.

An jungen Menschen mangelt es jedenfalls nicht. Und die stoßen hier noch auf das pralle Leben, von dem in den saturierteren Vierteln mit ihrem durchdigitalisierten Lebensstil nicht mehr viel übrig ist. Aber dieses Leben heißt nicht nur Niedrigpreise, Rap und Multikulti. Es bedeutet auch, ein großes Drogenproblem mitzukriegen. Vor allem Chrystal und Heroin werden gedealt. Auf den Spielplätzen liegen weggeworfene Spritzen herum. Eine Bürgerinitiative am östlichen Ende der Straße setzt sich für die Einrichtung einer Fixerstube ein – auch um die Kinder zu schützen.

Weil mit Verboten den Problemen nicht beizukommen ist, fordern einige Politiker nun, den Drogenkonsum öffentlich und kontrolliert zu ermöglichen. Höchste Zeit, findet Willie Wildgrube. »Bundesweit gibt es gute Erfahrungswerte mit kontrolliertem öffentlichem Konsum«, sagt der Streetworker bei der Leipziger Straßensozialarbeit. Der Bedarf an Helfern wie ihm habe in ganz Leipzig zugenommen. Er und sein Team unterstützen junge Menschen, die durch die Maschen des Systems gefallen sind. »In letzter Zeit haben wir auch immer mehr Minderjährige«, berichtet er. Vier Jahre lang hat Wildgrube Obdachlosen und Straßenkindern im Leipziger Osten geholfen, ihnen zugehört, sie beraten, ihnen ein warmes Essen ermöglicht. Inzwischen ist er im Stadtzentrum aktiv, auch am Hauptbahnhof.

Streetworker sind Sozialarbeiter, deren Zielgruppe Obdachlose, die offene Drogenszene oder problematische Jugendgruppen sein können.

In der großzügigen, blitzblanken Bahnhofshalle stehend, bekommt man eine Ahnung davon, weshalb diese Stadt als Ostdeutschlands Leuchtturm der gesamtwirtschaftlichen Entwicklung bezeichnet wird. Selbstverständlich war das nicht. Der Zusammenbruch der Ost-Wirtschaft nach der Wiedervereinigung kostete Millionen Jobs. Es dauerte, bis aus den Überresten der DDR-Wirtschaft Neues entstehen konnte.

Die 1990er-Jahre waren eine schwierige Zeit, nicht nur für Leipzig, sondern für die neuen Bundesländer insgesamt. Die Wende bedeutete nicht nur Reisefreiheit und die D-Mark. Zwar säte der radikale Umbruch Aufbruchstimmung in der Bevölkerung, die Stadt hing jedoch lange Zeit in einer paradoxen Schwebe. Es war ein Zustand, in dem sie sich noch nicht von den alten DDR-Relikten verabschiedet und noch nicht ganz mit dem Neuen arrangiert hatte. Die Atmosphäre schaukelte zwischen Aufbruch- und Katastrophenstimmung. Die Supermarktregale füllten sich. Die Stadt allerdings wurde leerer. Mehr als

Am 1. Juli 1990 wurde die Deutsche Mark in der DDR eingeführt.

80.000 Menschen zogen in den Westen und von den Dagebliebenen waren zeitweise 20 Prozent ohne Arbeit – zum überwiegenden Teil wegen der massenhaften Privatisierung Volkseigener Betriebe durch die Treuhandanstalt, die oft deren Stilllegung bedeutete. Zeit zur Umstellung und Anpassung an das neue Wirtschaftssystem hatten die DDR-Betriebe nicht. Die Stadt erholte sich erst mit Beginn des neuen Jahrtausends von dem Bevölkerungseinbruch. Seit 2002 steigt die Bevölkerung stetig an, seit 2012 liegen die jährlichen Wachstumsraten über zwei Prozent.

Der Volkseigene Betrieb (VEB) war die zentrale Rechtsform für Industrie- und Dienstleistungsbetriebe in der DDR.

Ein Zusammenspiel aus mehreren Faktoren führte schließlich zu einem Boom, wie ihn sonst keine andere Stadt in den neuen Bundesländern gesehen hat. Sachsens ehemaliger Ministerpräsident Kurt Biedenkopf machte nach der Wende die Chip- und Autoindustrie in Leipzig groß. Anfang der 2000er-Jahre siedelten sich große Unternehmen in rasantem Tempo an. Angelockt durch niedrige Steuern, kamen Firmen wie Porsche, DHL und BMW und schufen Arbeitsplätze für Tausende. Und Leipzig war auch groß genug, um als Stadt eigene Anziehungskraft zu entwickeln. Die Universität lockte junge Leute an, der große Bestand an renovierten Altbauwohnungen tat ein Übriges. Inzwischen hat die Einwohnerzahl den Sprung über die halbe Million geschafft, 2014 gab es in Leipzig erstmals wieder einen Geburtenüberschuss – zum ersten Mal seit 1965.

2014 wurden 6.241 Kinder in Leipzig geboren. Bei 5.889 Sterbefällen im selben Jahr ist dies ein Geburtenüberschuss von 352.

Heute übt die Mischung aus Jobs, bezahlbarem Wohnraum und urbanem Lebensgefühl eine Sogwirkung aus. Prognosen zufolge sollen im Jahr 2030 720.000 Menschen hier wohnen. Leipzig ist jung und wird es wohl auch noch eine Weile bleiben. Das Durchschnittsalter sinkt stetig: Vor zehn Jahren lag es noch bei 44, heute sind die Leipziger im Schnitt 42,6 Jahre alt.

Wer jetzt an den Hochglanzfassaden der Geschäfte rund um die Nikolaistraße vorbeigeht, mag über das Label »Armutshauptstadt Deutschlands« ratlos den Kopf schütteln. Im Zentrum hat die Sachsenmetropole ihren roten Teppich ausgerollt. Die Gründerzeitbauten und marmornen Einkaufspassagen sind restauriert. Die Straßen sind voller Menschen. Das Straßenbild erinnert an München. Keine Spur mehr von DDR. Und doch: Die Stadt hat ihre extremen Seiten, ihre ambivalenten Lebensrealitäten, ihre Brüche und Problemzonen. Das macht sie spannend.

Für viele ist Leipzig ein Aufbruchsort, eine Stadt, in der noch nicht alle Plätze verteilt sind, in der »noch was geht«. Die *New York Times* rankte die Stadt 2010 auf Platz zehn unter den 30 Städten weltweit, die man unbedingt gesehen haben muss. Die Scharen von Zuzüglern werden in »Hypezig« aber nicht mehr ganz so gern gesehen, seit auch hier die Mieten und die Immobilienpreise angezogen haben. Selbst Oberbürgermeister Burkhard Jung hat irgendwann aufgehört, seine Siegerländer Herkunft zu thematisieren.

Begriff, der von Blogger und Schriftsteller André Herrmann erfunden wurde, um den medialen Hype um Leipzig zu beschreiben.

»Die meisten kommen nach Leipzig, um sich auszutoben während des Studiums. Wenn sie dann aber zur Vernunft kommen, stellen sie fest, dass es hier so viele Jobs dann doch nicht gibt.« Matthias Schwarz, Anfang 30, Hornbrille, Undercut, drückt gerade mit einem Tamper Espressopulver in einen Siebträger. Er arbeitet als Aushilfe im Café Brühbar, im westlichen Stadtteil Plagwitz, Leipzigs »Akademiker-Ghetto«, wie er sagt. Eigentlich kommt Schwarz aus Dinslaken und eigentlich hat er Musikwissenschaften studiert. Jetzt röstet er Kaffee und kennt sich mit Aromanoten aus. Mit seinem Abschluss findet er im Moment keinen Job. »In Leipzig fehlt die Mitte. Entweder du arbeitest in einem gut situierten Unternehmen oder du bist Student. Oder du bist arm.«

Der Szene-Kiez Plagwitz, früher vor allem Studentenviertel, sei mit den Jahren erwachsener geworden. Vor den Häusern, wo vor Kurzem noch wilde Partys gefeiert wurden, stünden heute BMWs, erzählt Schwarz. »Die junge Bohème zieht es deshalb neuerdings in den Osten der Stadt.« Richtung Eisenbahnstraße. Denn dort findet sie noch Entfaltungsmöglichkeiten. Lange gab es in den Stadtteilen Neustadt-Neuschönfeld und Volkmarsdorf, die die Eisenbahnstraße als schnurgerade Meile durchzieht, massenhaft Leerstand – idealer Raum für junge Kreative, Wohnprojekte und Initiativen. Einen dieser Räume füllt heute das Vary, ein Café mit Schallplattenladen. Der Geschäftsraum am westlichen Ende der Eisenbahnstraße stand 25 Jahre lang leer. Dann kamen drei junge Männer, Pascal, Falk und Julian, und eröffneten in dem ehemaligen Malereibetrieb einen Zufluchtsort für Musik- und Kaffeekultur. Da sitzen nun Musikfans und Individualisten, die das Eisenbahnstraßen-Flair von türkisfarbenen Vintage-Sesseln aus beobachten wollen. Das Vary könnte auch in der Berliner Kastanienallee sein.

Doch vor dem Fenster zerplatzt die Blase. Das hier ist kein Berliner Szeneviertel, sondern die Leipziger Eisenbahnstraße. Und die ist ganz anders gefärbt. Zwischen den dicht gedrängten arabischen Lebensmittelläden,

Vary, ein Café mit Schallplattenladen

Dönerbuden, Barbershops, Spielotheken und Familienbetrieben, die die Eisenbahnstraße zusammenhalten, fallen solche alternativen Zentren auf. Sie wirken wie Brüche im Saum und sind doch wichtig, damit das Viertel nicht vom Rest der Stadt abgehängt wird. Das Goldhorn zum Beispiel oder das Kune Kulturcafé sind aus Initiativen entstandene Kulturzentren, Cafés und Bars. Manche dieser Zentren haben keinen offiziellen Eingang, in manche stolpert man nur zufällig hinein durch feuchte Hauseingänge mit durchnässten Pappen vor den Fassaden.

Nicht nur die Initiativen und Studenten sorgen für den schleichenden Wandel der Eisenbahnstraße. Immer mehr Immobilienhaie haben den Osten entdeckt. Petra Hochtritt vom Amt für Stadterneuerung und Wohnungsbauförderung ist Abteilungsleiterin für die Förderungsgebiete des Leipziger Ostens. Sie beobachtet manche Entwicklungen im Viertel skeptisch. Ein großer Investor will eine alte Gründerzeitimmobilie kernsanieren und damit dem ganzen

Rolf Müller führt sein Geschäft seit 1982

Viertel »den Weg in einen Szene-Kiez der Zukunft« ebnen. Es ist der übliche Gentrifizierungsspagat, den der Leipziger Osten vor sich hat: Einerseits ist der Zuzug bürgerlicher Kreise willkommen, um das Viertel zu stabilisieren. Andererseits drohen die bisherigen Bewohner unter die Walze der Urbanisierung zu geraten. »Die Frage ist immer, wann hört man auf?«, sagt Hochtritt. Besonders die alteingesessenen Familienbetriebe seien ein wichtiger Anker für diese Straße. Aber längst nicht alle seien zukunftsträchtig. »Der Messermacher zum Beispiel, bei dem sieht es eher schlechter aus, der ist schon über siebzig.«

Gentrifizierung bezeichnet den sozioökonomischen Strukturwandel von Stadtvierteln durch den Zuzug gut situierter Eigentümer und Mieter bei gleichzeitiger Verdrängung älterer Strukturen.

Rolf Müller schaut großväterlich über die Ränder seiner Brille, seine großen Hände hat er auf den Verkaufstresen gestützt. Es ist Samstag, die Glocke der Ladentür von Messer Müller, einem Geschäft für Schneidwaren, Porzellan und Waffen auf der Eisenbahnstraße 23, schrillt heute selten. Rolf Müller und die Eisenbahnstraße verbindet heute eine Hassliebe. Als Müller sie kennenlernte, damals noch als Ernst-Thälmann-Straße, war sie eine von Leipzigs Flaniermeilen. 1982 hat Müller den Betrieb von seinem Vater übernommen. Bis zur Wende müssen hier paradiesische Zustände geherrscht haben. »Es gab nichts, was es nicht gab. Lebensmittel, Kurzwaren, Lederwaren, Schuhe, Kleidung.« Eine Oase wirtschaftlicher Freiheit inmitten sozialistischer Planwirtschaft.

Die Wende hat sie ausgetrocknet. Von den 22 Geschäften, mit denen Rolf Müller in den 1990er-Jahren eine Interessengemeinschaft gründete, haben nur vier überlebt. »Die haben ganz einfach das Handtuch geworfen.« Müller musste erfahren, dass die lang ersehnte Freiheit eine Herausforderung war. »Wir sind praktisch ausgekippt worden, wie das Baby mit der Badewanne. Wir mussten uns etablieren.« Als die Soziale Marktwirtschaft den Sozialismus ablöste, änderte sich schlagartig alles. Plötzlich gab es etwas, das den Geschäftsleuten in der DDR zuvor fremd gewesen war: Konkurrenz. »Ich habe damals zu meinen Berufskollegen gesagt: Wir werden uns alle miteinander spinnefeind sein. Und so ist es auch gekommen.«

Ab 1997 sei es für viele wirtschaftlich bergab gegangen, erinnert er sich. Und ab 2000 kamen die ausländischen Geschäfte. »Es kann ja heute wegen der freien Marktwirtschaft nicht mehr bestimmt werden, welche Läden wohin kommen.« Der Stadtrat hat nur beschlossen, dass keine weiteren Spielhallen eröffnet werden sollen und hier kein Rotlichtviertel zugelassen wird. »Wir haben hier so viele Dönerläden, die könnten hier normalerweise gar nicht existieren.« Irgendwo müsse da ein Haken sein, man höre ja einiges, aber er sei lieber vorsichtig.

Die ersten Migranten kamen in den 1990er-Jahren nach Leipzig. Anfangs noch gleichmäßig über die verschiedenen Stadtviertel verteilt, nahm ihr Anteil im Leipziger Osten ab Ende der 1990er zu. Hier gab es Leerstand, günstige Mieten und Raum für Geschäfte. Bis heute ist das so. Die meisten der hier lebenden Menschen mit Migrationshintergrund haben keinen deutschen Pass, sind also juristisch gesehen Ausländer; mehr als 11.000 sind es heute. In der letzten Zeit sind auch Asylbewerber vor allem aus Syrien, Afghanistan und dem Irak nach Leipzig gekommen. Wieso zieht es sie ausgerechnet auf die Eisenbahnstraße? Vielen wird sie empfohlen, von der Familie oder Bekannten. Noch vor der Einreise. Und in den Flüchtlingsunterkünften angekommen, erkundigen sich manche direkt nach dem Weg hierhin.

Müller wischt mit einer Hand kleine Staubkörnchen von der Glastheke. Auch wenn er an manchen Tagen nur zwei Kunden bedient – er bleibt hier, lässt seinen Laden nicht im Stich. Vorerst jedenfalls nicht. »Mal angenommen, ich müsste aufgeben. Dann würde ich mir draußen einen Container nehmen und das ganze Glas reinschmeißen. Dann hätt' ich wenigstens noch ein bisschen Freude dran, dass alles knallt und kaputtgeht.«

Yakut stellt die Kaffeemaschine ab, räumt mit flinken Bewegungen die Backwaren ein, holt die Tische und Stühle vom eisgefrorenen Asphalt hinein ins Brothers. Es riecht noch flüchtig nach frisch gebackenem Fladenbrot, Kaffeebohnen und Gewürzen. Er ist eigentlich immer da, er arbeitet rund um die Uhr. Ob er sich über Politik informiere? Nein, dafür habe er gar keine Zeit, sagt er. Morgen wird er wieder um fünf Uhr aufstehen. Zwischendurch wird er einen Blick auf die Renovierungsarbeiten im Geschäftsraum nebenan werfen, wo seine Familie demnächst einen Burger-Imbiss eröffnen wird. Stolz zeigt er auf die blanken Glühbirnen, die von einer rohen Steindecke hängen. »Wir haben uns inspirieren lassen – von Läden in Berlin.« Dieses Unfertige.

An der Haltestelle vor den großen Fensterscheiben warten ein paar Leute auf die Tram in Richtung Zentrum. Sie fährt dorthin, wo kaum Ausländer auf der Straße unterwegs sind. Dorthin, wo diejenigen wohnen, die besorgt sind um diese Straße. »Da kann ja keine deutsche Frau langgehen«, sagen jene.

Verunsichert vom Fremden, verschreckt von der Unkontrollierbarkeit. Dabei haben viele Anwohner ganz andere Sorgen: dass die Mieten steigen zum Beispiel. Dass aus »zu gefährlich« schon bald »zu gelackt« wird. Die Problemzone könnte sich dadurch verschieben, sich weiter Richtung Osten verlagern. Dorthin, wo es noch Leerstand gibt. Der Rollstuhlfahrer wischt sich mit seinem Ärmel über die Nase. Ein paar Straßenecken weiter wirft der Mann im Stehcafé seine Kondensmilchdöschen in einen Mülleimer.

Boomtown

Leipzig wächst. Nach einer Durststrecke in den ersten anderthalb Jahrzehnten nach der deutschen Einheit, als die Bevölkerung immer weiter schrumpfte, gewinnt die Stadt Einwohner durch Zuzug und Geburten. Zwischen 2011 und 2015 nahm die Bevölkerungszahl um fast ein Zehntel zu. Und auch perspektivisch boomt Leipzig, während Städte vergleichbarer Größe schrumpfen oder nur wenig wachsen.

Bevölkerungsentwicklung in den deutschen Kommunen mit 550.000 bis 600.000 Einwohnern

Gemeinde	Einwohner im Jahr 2011	Einwohner im Jahr 2015	Bevölkerungsentwicklung von 2011 bis 2015 in Prozent	Vorausberechnete Bevölkerungsentwicklung 2012 bis 2030 in Prozent
Dortmund	571.403	586.181	2,6	-3,9
Essen	565.900	582.624	3,0	-3,7
Leipzig	510.043	560.472	9,9	13,9
Bremen	544.043	557.464	2,5	1,5

Quelle: Bertelsmann Stiftung, Wegweiser Kommune 2015

Laut Wegweiser Kommune der Bertelsmann Stiftung nimmt die Bevölkerungszahl von Leipzig bis zum Jahr 2030 um 13,9 Prozent zu, während sie in Dortmund um 3,9 Prozent abnimmt. Für die Bevölkerungsvorausberechnung werden die natürliche Entwicklung (Geburten und Sterbefälle) und das Wanderungsmuster der Jahre 2009–2012 berücksichtigt.

Aufholjagd

Auch die Beschäftigung steigt in Leipzig über die Jahre deutlich an und erreicht fast das Niveau von Städten wie München. Dennoch bleibt der Abstand zu reichen Metropolen Westdeutschlands enorm. Die Produktivität beträgt in Leipzig nur gut die Hälfte des Münchner Niveaus. Das durchschnittliche verfügbare Jahreseinkommen liegt bei 16.000 Euro, in München bei 25.500 Euro. Das spiegelt sich auch im Vergleich der durchschnittlichen Kaufkraft der Haushalte in beiden Städten wider.

Entwicklung der Kaufkraft der Haushalte in Leipzig und München, 2006–2015 (in Euro)

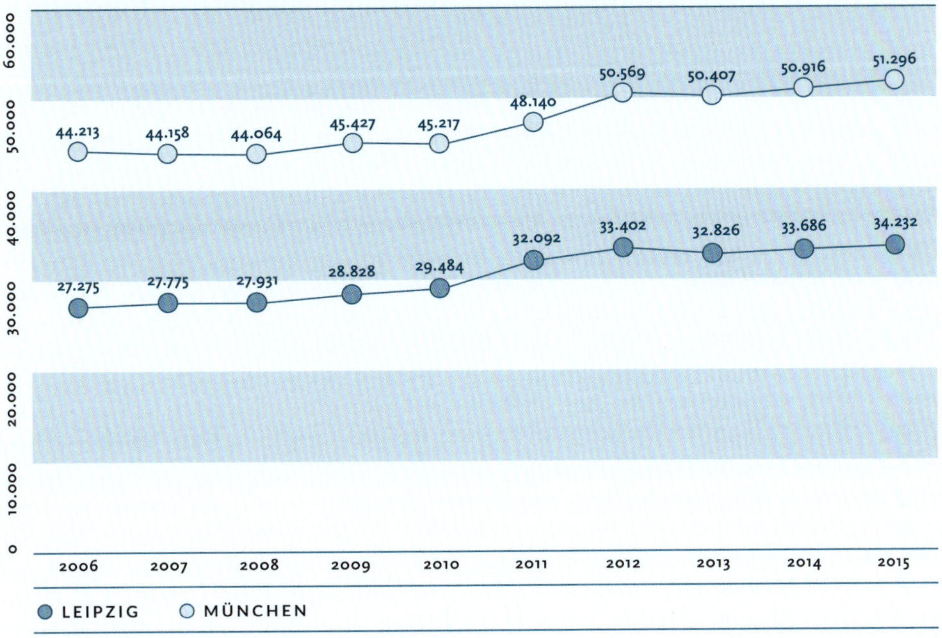

Quelle: Bertelsmann Stiftung, Wegweiser Kommune 2015

Das durchschnittliche Gesamtnettoeinkommen eines Haushaltes in Leipzig im Jahr 2015 beträgt 34.232 Euro, in München 51.296 Euro. Die Kaufkraft weist auf die wirtschaftliche Stärke einer Kommune bzw. ihrer Einwohnerschaft hin. Sie wird errechnet, indem die Summe aller Haushaltsnettoeinkommen durch die Anzahl der Haushalte geteilt wird.

WARSTEINER
DAS EINZIG WAHRE

Leben am Tresen

Kneipen sind Knotenpunkte der Gesellschaft. Es wird getratscht, geschimpft, geträumt, gelacht und geweint. Eine Exkursion ins Seelenleben der Nation – am Beispiel einer Gastwirtschaft im Bergischen Land.

Von Jil Frangenberg

Juni 1967: Nach den mageren Jahren – »Alle wollen ausgehen und leben«

1967: »Lotti!«, ruft eine tiefe männliche Stimme fordernd. »Komm mal schnell her!« Hanns Frangenberg, 50, schwarzgraue Haare, blaue Augen, ruft nach seiner Frau, seine Stimme gezeichnet von jahrelangem Rauchen. »Lotti«, ruft er wieder aufgeregt. Der Gastwirt mit den auffälligen Geheimratsecken lehnt am Tresen in seiner Kneipe, der Schankwirtschaft Hasenburg. Er trägt einen dunklen Baumwollpullover, die Ärmel hat er hochgekrempelt, seine Haltung ist gebückt. In seiner Hosentasche steckt eine Packung Finas, orientalische Zigaretten. Er wedelt hektisch mit einer Zigarette in der Hand, als Lotte Frangenberg den Kopf aus der Küche streckt. Die kleine, zierliche Frau mit aschblondem, dauergewelltem Haar und großer Brille mit Goldrand trägt einen weißen Arbeitskittel, die Hände trocknet sie sich von der Küchenarbeit an einem Handtuch ab.

»Schau Dir das an«, sagt ihr Mann aufgeregt und Lotte staunt nicht schlecht, denn durch die Eingangstür der Kneipe führt ein Mann ein Lama herein. Hinter ihm folgen mehr und mehr Menschen; einer hat einen Affen dabei, der andere führt einen Esel am Tresen entlang. Die Leute singen und lachen ausgelassen, während die außergewöhnliche Karawane durch die kleine Kneipe zieht. Durch den Hintereingang der Gastwirtschaft führen sie die Tiere wieder hinaus ins Freie. Die Leute, die hereinkommen, sind Kegelbrüder von Hanns Frangenberg. Es ist sein 50. Geburtstag und sie wollen gratulieren. Dafür haben sie sich die Tiere eines kleinen Zirkus ausgeliehen, der derzeit in der Stadt gastiert. »Was für ein Spektakel«, ruft Lotte Frangenberg entzückt. »Ein Lama am Tresen, das hat es noch nicht gegeben.« Ohne die Tiere im Schlepptau kehren die Freunde zurück in die Wirtschaft. Jetzt wird gefeiert und getrunken. Die dunkle, eichenholzvertäfelte Kneipe ist so voll, dass die Leute sich kaum bewegen können. In der Luft liegt schwer der Zigarettenrauch.

Eine in den südamerikanischen Anden verbreitete Kamelart.

Gebäude der späteren Schankwirtschaft Hasenburg vor dem Zweiten Weltkrieg.

Das Ehepaar Frangenberg hat die kleine Kneipe, die mitten in der 20.000-Einwohner-Stadt Radevormwald im Bergischen Land zwischen Dortmund und Köln liegt, Anfang der 1960er-Jahre übernommen. Der gelernte Fotograf und Drogist und seine Frau haben die Schankwirtschaft gepachtet, um ihre vier Kinder – drei Mädchen und einen Jungen – großziehen zu können. Ihre Wohnung liegt direkt über der Wirtschaft. »Mit vier Kindern konnte ich nicht arbeiten gehen«, sagt Lotte Frangenberg, deren jüngster Sohn 1960 gerade einmal ein Jahr alt war. »Hier in der Kneipe kann ich Gäste bedienen und habe die Kinder trotzdem im Blick.« Auf das Geld ist die Familie angewiesen, die zuvor allein von den Erträgen aus ihrem Lottoladen gelebt hat.

Gäste mit dem Sohn der Frangenbergs, der in der Gaststätte aufwächst

Die Frangenbergs mit Freunden hinter der Theke

Ludwig Erhard (1897–1977) gilt als Vater der Sozialen Marktwirtschaft. Bundeswirtschaftsminister 1949–1963, Bundeskanzler 1963–1966.

»Ludwig Erhard hat Wohlstand für alle versprochen«, erzählt Lotte. Erhard, der legendäre erste Wirtschaftsminister der jungen Bundesrepublik, gilt als Vater der Sozialen Marktwirtschaft. »Dass wir dafür so viel schuften mussten, hat er natürlich nicht gesagt.«

Die Kneipe in Radevormwald gibt es bis heute. Einige Male hat sie den Besitzer gewechselt, Zuwanderer haben sie übernommen. Die Speisekarten wurden länger und exotischer, die Getränkeauswahl reichhaltiger. Neue Generationen von Gästen nahmen auf den Hockern und Stühlen Platz. Die Themen der Tresengespräche wechselten. Wie so viele andere Gaststätten ist die Kneipe Hasenburg ein Knotenpunkt sozialer Interaktion. An ihr lässt sich nachzeichnen, was die Gesellschaft bewegt. Der Wandel der Zeiten, das Auf und Ab der Wirtschaft, die Umschwünge der Stimmungen, der Geschmäcker, der Träume – all das bündelt sich an den Theken der Republik wie in einem Brennglas.

Ein Stück Alltagskultur. Und ein Zufluchtsort, der unter Zuhilfenahme gewisser Mengen Alkohol die Realität ein wenig transzendiert.

So würde das Lotte Frangenberg natürlich nicht ausdrücken. Für sie ist die Wirtschaft Hasenburg vor allem Broterwerb. Sie ist eine der wenigen Frauen, die damals überhaupt arbeiten. Im Bundesschnitt sind in den 1960er-Jahren mehr als 90 Prozent der Männer erwerbstätig, aber nicht mal die Hälfte der Frauen. Und in der Kleinstadt ist die Sache noch ein Stück komplizierter. Hanns ist zunächst nicht begeistert von der Idee, eine Kneipe aufzumachen, die überwiegend von seiner Frau geführt wird. Wenn ihr Mann tagsüber im Lottoladen arbeitet, der direkt gegenüber der Kneipe liegt, führt sie die Gaststätte alleine. Für den Mittagstisch gibt es eine kleine Karte: Russen-Ei, Koteletts, Bratwürste. Die drei Töchter, zwischen 14 und 17 Jahre alt, müssen regelmäßig aushelfen. Der Sohn ist noch zu jung. Als Nachzügler wächst er in der Kneipe auf; zwischen Qualm und Bierdunst. Damals interessiert das niemanden, auch weil es gar nicht anders ginge.

1960: 47,2 Prozent der Frauen in der Bundesrepublik sind erwerbstätig, 90,3 Prozent der Männer.

Wenn die anderen arbeiten, schaut der Junge oft fern. Die Familie Frangenberg kann sich einen Fernsehapparat leisten. Damals ein Luxusgut. Nur ein Drittel der Haushalte besitzen Mitte der 1960er-Jahre ein TV-Gerät. Auch ein Telefon haben sie, wie gerade einmal 14 Prozent der Haushalte. Die Kneipe erweist sich als Glücksgriff. »Nach dem Krieg haben wir doch alle nur mit 40 Mark angefangen«, erinnert sich Lotte. Maisbrot mit Apfelmus war damals alles, wovon sie sich ernährte. Nach Ende des Krieges, mit 16 Jahren, hatte sich Lotte als junges Mädchen schon in Hanns verliebt, der im Drogerieladen ihres Vaters eine Lehre machte. Sie war 16, er 28 Jahre alt. 1949 mussten die beiden heiraten, weil Lotte mit Zwillingen schwanger war. »Es war schlimm, mit 19 Jahren heiraten zu müssen – die Leute hätten sonst geredet.« Die ersten Jahre der Ehe mit den beiden Kindern waren harte Jahre. »Wir waren oft nicht in der Lage, den beiden Mädchen ein paar Schühchen zu kaufen.«

Doch dann kommt der Wohlstand, bescheiden zunächst, aber die Tendenz ist klar: aufwärts. Die Not der frühen Jahre ist vorbei, die schrecklichen Erinnerungen an den Krieg verblassen, allmählich verschwindet die Angst aus den Köpfen. Jetzt sind die Leute hungrig auf Gesellschaft. »Alle wollen ausgehen und leben«, erinnert sich Lotte. An guten Abenden bedient sie 80 Gäste.

Zukunftsangst? Arbeitslosigkeit? Ach nein, überall ist der Aufbau doch mit Händen zu greifen, alle fangen neu an. Die Menschen haben Arbeit. In Radevormwald dominiert in den Ortschaften an der Wupper die Textilindustrie. Die Tuchfabriken Wülfing, Schürmann & Schröder, Hardt & Pocorny prägen durch zahlreiche Fabrikhallen mit Sägezahndächern und hohen Schornsteinen das Tal am Fluss. In der Innenstadt dominiert Eisen verarbeitende Produktion. Die Menschen verdienen ihren Lebensunterhalt vor allem bei der Firma Rocholl, die Schlösser herstellt.

Von 1674 bis 1996 stellte die Firma Wülfing Stoffe her. Die Fabrik ist heute teils Industriemuseum, teils beherbergt sie neue Gewerbe.

Zwischen 1950 und 1966 wächst die deutsche Wirtschaft jährlich im Durchschnitt real um knapp sieben Prozent pro Kopf. Und in der Kneipe kommt einiges davon an. Abends trägt Lotte das Geld in der Schürze nach oben ins Schlafzimmer, weil es zu viel ist, um es in der Kasse zu zählen. Es sind gute Jahre. Doch allmählich wird es ruhiger. Eine neue Konkurrenz taucht auf. »Wenn ein gutes Programm im Fernsehen läuft, dann ist die Wirtschaft nicht so gut besetzt. Falls nichts läuft, ist es voll«, sagt Lotte.

Die Gastwirtschaft ist einer der Orte in Radevormwald, wo alle zusammenkommen. Egal aus welcher sozialen Schicht, egal aus welchem Berufsfeld. Das Publikum ist jung, die meisten sind zwischen 20 und 30 Jahre alt. Die Menschen verabreden sich nicht, sondern kommen einfach allein nach Feierabend vorbei. An der Theke trifft man immer irgendjemanden, den man kennt. Getrunken wird dann Bier, Wicküler und Veltins, das 0,2-Liter-Glas für 85 Pfennig.

Meistens ist es Hanns, der die Gäste am Tresen unterhält. An den Ellenbogen hat er schon Schwielen vom vielen Aufstützen. Zentrales Thema ist, logisch, Fußball. Und er ist ein echter Experte, der oft lange mit seinen Gästen am Tresen hängen bleibt. Er kennt sich aus, kann sagen, wer vor 20 Jahren in dem und dem Spiel dieses und jenes Tor geschossen hat. Oft sind die Wirtsleute bis 2 Uhr nachts auf den Beinen. Am nächsten Morgen geht es um 7 Uhr weiter. »Manchmal hätte ich lieber ein Café gehabt«, sagt Lotte müde lächelnd.

25 Jahre später (1992): Die Euphorie ist vorbei – »Man merkt, wenn Monatsende ist«

1992: Franjo Horvat steht am Tresen der Schankwirtschaft Hasenburg und schenkt Slivovic aus. Der Obstbrand aus Pflaumen erinnert den großen, schwarzhaarigen Mann an seine Heimat. 1970 ist der 46-jährige Kroate aus dem damaligen Jugoslawien nach Deutschland gekommen. Der gelernte Anstreicher und Lackierer hatte in seinem Heimatland keine Chance auf eine Wohnung. Also zog er mit seiner Frau Katica und Tochter Franziska nordwärts – und kam in Radevormwald an, wo er in einer Siedlung für sozialen Wohnungsbau eine Unterkunft fand. Tagsüber arbeitet Franjo als Sägenrichter, abends steht er hinter dem Tresen und zapft.

Kroatien ist einer der Nachfolgestaaten der Sozialistischen Föderativen Republik Jugoslawien.

Experte für das Richten von Kreissägen und Industriemessern. Bis Ende der 1960er-Jahre ein Lehrberuf.

Der neue Besitzer der Kneipe, der von seinen Kunden nur »Pommes-Martin« genannt wird, ist ebenfalls Kroate und hat ihn gefragt, ob er ab und an aushelfen könne. »Kann man sagen – es ist Aushilfe unter Kollegas«, sagt Franjo, dessen große Hände rau und abgenutzt sind von der Arbeit in der Sägenfabrik. Obwohl er schon mehr als 20 Jahre in Deutschland ist, spricht er nur gebrochen Deutsch. Er hat nie einen Kurs besucht, nur übers Fernsehen und bei der Arbeit die Sprache gelernt.

Lotte Frangenberg

Die Wirtschaft Hasenburg hat »Pommes-Martin« Anfang der 1990er-Jahre übernommen. Nachdem die heute 87-jährige Lotte Frangenberg 1970 ihre Wirtschaft aufgegeben hatte, da sie nicht mehr so viel Geld brachte, folgten einige neue Besitzer. Martin hat die Kneipe zu einem kroatischen Restaurant umgebaut. Die alten, dunklen Möbel sind teilweise geblieben, aber aus der langen Theke, die sich einst durch den gesamten Raum erstreckte, ist ein kleineres Viereck geworden, das den bedienenden Wirt umschließt. Die Kneipe ist meist gut besucht, Franjo hat viel zu tun. Auch wenn er nicht regelmäßig bezahlt wird und ab und an einfach 50 oder 100 Mark auf die Hand bekommt, freut er sich über die Arbeit. Seine Frau Katica ist vor Kurzem mit nur 44 Jahren an Hautkrebs gestorben, seine Tochter ist mittlerweile erwachsen. Zu Hause ist er allein, am Tresen ist immer etwas los.

Wie in den 1960er-Jahren wird auch Anfang der 1990er vor allem Bier getrunken. Alt, Pils und Kölsch. Die Sortenvielfalt ist größer als damals. Es gibt nun auch Jever und Schlösser Alt. Das Wicküler ist seit den 1960ern auf der Karte geblieben. Ein Bier kostet jetzt 1,10 D-Mark. Wer eine ganze Runde bestellt, bekommt zehn Pfennig Rabatt. Franjo hält ein Glas unter den Zapfhahn. Bei seinen massigen Händen hat man Angst, dass das Bierglas jede Sekunde zerbricht, doch schnell merkt man, wie routiniert er das Pils ins Glas laufen lässt.

Der Kalte Krieg ist vorbei, die Mauer gefallen, Deutschland ist wiedervereinigt. Zugleich machen sich strukturelle Veränderungen bemerkbar. In den 1960er-Jahren konnten sich noch alle als Gewinner fühlen. Doch inzwischen sind traditionsreiche Industrien in der Region unter Druck gekommen. Arbeitslosigkeit hat sich verfestigt. Der Wohlstand mag seit den 1960er-Jahren insgesamt stark gestiegen sein. Aber das Versprechen »Wohlstand für alle« gilt nicht mehr für alle gleichermaßen. »Man merkt, wenn Monatsende ist. Dann haben wir weniger zu tun, weil die Leute kein Geld mehr haben.«

Im Februar 1992 wurde der Vertrag von Maastricht beschlossen. Er bildet die Grundlage für die Europäische Wirtschafts- und Währungsunion.

Doch »richtige finanzielle Probleme«, sagt Franjo, habe eigentlich niemand. So wird denn auch an seiner Theke weniger über die steigende Inflation, die gerade beschlossene Europäische Währungsunion oder die Lage in Ostdeutschland gesprochen, und schon gar nicht über den Krieg im zerbrochenen Jugoslawien, sondern über – Fußball.

Weitere 25 Jahre später (2017): Die Alterung schreitet voran – »Die Jungen fahren nach Köln oder Bochum«

Heute ist Franjo Horvat 70 Jahre alt. Die Haare sind etwas weniger geworden; ansonsten sieht er fast unverändert aus. Das Zapfen hat er 2001 aufgegeben, als die kroatische Kneipe pleiteging. Eigentlich ist Franjo inzwischen Rentner. Doch immer noch arbeitet er als Sägenrichter bei der Sägenfabrik Mummenhoff. Nicht wegen des Geldes, wie er betont, seine Rente würde eigentlich ausreichen, sondern weil er seinen Nachfolgern noch einiges beibringen wolle. »Ich bin praktisch wie ein Professor auf diesem Gebiet.«

Produzent spezieller Vorprodukte für die Herstellung von Diamantkreissägeblättern.

Mummenhoff ist eine der wenigen größeren Firmen, die nach wie vor in Radevormwald existieren. Viele andere sind inzwischen verschwunden. Auf dem Scheitelpunkt der Industrialisierung war die Stadt international bekannt für Fahrräder der Marke »Bismarck«, für Stoffe von Wülfing und für Ilse-Wolle der Firma Hardt & Pocorny. Keine dieser Firmen ist heute noch am Markt aktiv. Längst ist die Textilindustrie in Niedriglohnländer abgewandert und die Fahrradindustrie der Motorisierung gewichen. Die verlorenen Arbeitsplätze sind durch Ansiedlung neuer Unternehmen im Industrie- und Dienstleistungssektor ausgeglichen. Aber die Lage ist wackliger. Das Gefühl der Sicherheit früherer Jahrzehnte ist angeknackst, auch weil viele Servicejobs relativ schlechter bezahlt sind.

Die Entwicklung in Radevormwald spiegelt wider, wie sich die Wirtschaftssektoren in ganz Deutschland entwickelt haben. Im produzierenden Gewerbe ist der Anteil der Erwerbstätigen stark geschrumpft. 1967 lag der Anteil der Erwerbstätigen in diesem Sektor bei 47,5 Prozent, aktuell arbeiten dort nur 24,2 Prozent. Der Dienstleistungssektor hingegen wächst stetig. Lag der prozentuale Anteil der Arbeitenden in diesem Sektor 1967 noch bei 42,3 Prozent, arbeiten dort aktuell 74,3 Prozent der Erwerbstätigen im Land.

Größter Arbeitgeber der Stadt mit ca. 1.200 Mitarbeitern ist Gira, Hersteller von Elektroinstallationen. Die 1905 gegründete Firma steht für moderne Gebäudetechnik, die das Wohnen komfortabler und energieeffizienter machen soll. Smart-Home-Technik hat die Textilindustrie abgelöst. In die alten Sägezahndach-Fabrikhallen an der Wupper sind heute Kleingewerbe, Loftwohnungen und ein Museum eingezogen. Das entstandene Gewerbegebiet der Stadt wird dominiert von den großen, gläsernen Gira-Gebäuden. Im Dienstleistungssektor hat Aldi Nord sein Auslieferungslager in der Stadt gebaut.

Franjo Horvat lebt heute mit seiner neuen Frau in einer neuen Wohnung, nur einige Hundert Meter von der Kneipe entfernt. In derselben Straße wohnt auch Lotte Frangenberg. Ihr Mann Hanns ist vor einiger Zeit verstorben. Man kennt sich, grüßt sich, hält ein Schwätzchen – Radevormwald ist immer noch eine überschaubare Welt. Dazu gehört nach wie vor die Schankwirtschaft Hasenburg, die inzwischen wieder geöffnet hat, auch wenn sie jetzt Zum Griechen heißt.

Es ist ein Freitagabend im Januar 2017, kurz nach acht Uhr. Am Tresen sitzt Melanie Ferner, 43. Eine dunkelblonde Frau mit blauen Augen, bunt karierte Bluse, Steppweste. Sie trinkt »Alster«, Pils mit Orangenlimonade. Ihr Smartphone hat sie neben sich auf den Tresen gelegt. Regelmäßig sitzt sie hier, da sie mit Fouli Oikonomou, dem heutigen Wirt, befreundet ist.

Vieles hat sich verändert. Die Wirtschaft Hasenburg ist jetzt ein hell erleuchtetes Restaurant: viele Lampen, viele Tische, kleine Theke. Die Zeiten, als der halbe Ort in einer großen Traube um den Zapfhahn wie um ein Lagerfeuer herumstand, sind vorbei. An den Wänden finden sich noch einige gerahmte Fotos, die Geschichten erzählen von damals, als das Restaurant noch eine dunkle, verrauchte Kneipe war und übervoll mit Durstigen. Lange her.

Melanie Ferner ist an diesem Abend der einzige Gast an der Theke; im Restaurantbereich sind mehrere weiß gedeckte Tische mit Gästen besetzt. Nebenbei wirft sie immer wieder Blicke auf ihr brummendes Smartphone, der Bundesligaticker vermeldet Neuigkeiten. Im 21. Jahrhundert ist Fußball nicht mehr nur Männersache. Auch das hat sich geändert.

Sicher, es kommen noch Leute her, um am Tresen ihr Feierabendbier zu trinken. Aber danach sind sie bald wieder verschwunden. Einige müssen aufs Geld schauen. Vor allem aber gibt es eine große Konkurrenz durch andere Freizeitangebote.

Worüber redet man so am Kneipentresen anno 2017? Melanie Ferner und Wirt Fouli Oikonomou überlegen kurz: Fußball und Schlager, dann die Terrorgefahr und natürlich spielt Kleinstadtklatsch eine große Rolle.

Dass die alte Kneipe Hasenburg überhaupt wieder geöffnet hat, ist der schlechten Wirtschaftslage in Griechenland geschuldet. Eigentlich hatten

Fouli Oikonomou, 33, und seine Verlobte Maria, 32, etwas anderes vor. Er studierte Elektrotechnik, sie internationale Beziehungen in ihrer Heimat Griechenland. Doch die wirtschaftliche Lage im Land machte einen Strich durch ihre Karrierepläne. Also kamen sie zurück nach Deutschland, wo sie schon als Gastarbeiterkinder aufgewachsen waren, und pachteten 2011 die leer stehende Kneipe in Radevormwald.

Seit 2010 anhaltende Krise der griechischen Volkswirtschaft. Eine Folge ist u.a. die konstant hohe Arbeitslosigkeit von über 20 Prozent seit Oktober 2011.

Es war ein schwieriger Start. Auch in Deutschland steckte der Schock der großen Rezession von 2009 den Leuten noch in den Knochen. Gäste waren rar und diejenigen, die kamen, waren sparsam, bestellten ein oder zwei Bier, mehr nicht. Nur ganz allmählich zogen die Umsätze in der Gastronomie wieder an.

Mittlerweile kostet ein Bier 1,60 Euro. Sie schenken Pils, Kölsch, Alt, Weizen, alkoholfreies Bier und viele weitere Sorten aus. Die Vielfalt ist in den vergangenen Jahren stark gewachsen. Wicküler, die frühere Stammmarke, ist von der Karte verschwunden.

Das Publikum ist älter als früher, die demographische Entwicklung, die gerade in ländlichen Gegenden rapide voranschreitet, macht sich bemerkbar. Zwischen 40 und 60 Jahren ist die Kundschaft alt. »Junge Leute kommen wenig, die fahren nach Köln, Wuppertal oder Bochum«, sagt Tresengast Melanie Ferner. Die Bevölkerungsprognose für die Stadt sagt voraus, dass junge Menschen die Stadt mehr und mehr verlassen. Das Land Nordrhein-Westfalen wird bis zum Jahr 2030 rund 480.000 Einwohner verlieren. Das entspricht etwa der Größe der Stadt Duisburg. Die ländlichen Gebiete, zu denen auch Radevormwald zählt, werden zunehmend ausdünnen. Laut Prognose wird Radevormwald zwischen 2012 und 2030 rund 13,1 Prozent der Einwohner verlieren,

Standen in der Hasenburg alle schon hinter dem Tresen: Lotte Frangenberg, Fouli Oikonomou und Franjo Horvat

knapp 3.000 Menschen. Wie auch in vielen anderen Kommunen wird es so schwieriger werden, eine gute Infrastruktur zu gewährleisten. 2030 wird das Durchschnittsalter bei 52 Jahren liegen.

Auch die jungen Wirtsleute denken nicht daran, in die Kleinstadt im Bergischen Land zu ziehen. Lieber pendeln sie täglich von der Ruhrmetropole Bochum, wo deutlich mehr los ist, nach Radevormwald zur Arbeit. Zu pendeln ist auch für viele Radevormwalder Alltag. Fast jeder zweite Arbeitnehmer verlässt täglich die Stadt, um zur Arbeit in größere Städte im Umkreis zu fahren. Spitzenreiter für Pendler ist die Nachbarstadt Remscheid. Darauf folgt Wuppertal, die größte Stadt im Bergischen Land.

Im Jahr 2000 pendelten 53 Prozent aller Arbeitnehmer laut Bundesinstitut für Bau-, Stadt- und Raumforschung zu ihrer Arbeitsstätte. 2015 waren es 60 Prozent aller Arbeitnehmer.

Maria, die Gastwirtin mit abgeschlossenem Politikstudium, macht sich so ihre Gedanken über die Gesellschaft, die Wirtschaft, über all die Veränderungen, die in ihrer unmittelbaren Umgebung vor sich gehen. Soziale Marktwirtschaft, sagt sie, dafür interessiere sich doch in Wahrheit niemand mehr. »Sie ist eingeschlafen.« Früher hätten die Rentner mit einer hohen Altersrente von morgens bis abends in der Kneipe gesessen, weil sie einsam waren und nicht wussten wohin, erzählt Maria. »Heute geht das nicht mehr, weil das Geld nicht mehr reicht.«

Gelegentlich kommt Lotte Frangenberg noch ins Restaurant Zum Griechen, das einst ihre Wirtschaft Hasenburg war, um mit ihren Kindern und Enkelkindern Souflaki zu essen. Und manchmal wird sie dabei etwas nostalgisch. »Es war eine gemütliche Zeit«, damals in den 1960er-Jahren. Nicht so stressig wie heute, aber manchmal eben doch auch spannender: »Ein Lama und ein Esel am Tresen – das würde es heute nicht mehr geben.«

Deutscher Durchschnitt

Die Bevölkerung der Bundesrepublik ist in den vergangenen Jahren leicht gewachsen. Zwischen 1990 und 2015 nahm die Einwohnerzahl um insgesamt drei Prozent zu, allerdings räumlich durchaus unterschiedlich. Starke Zuwächse verzeichnete insbesondere der Süden, mit Oberbayern und dem Großraum Stuttgart als stärksten Anziehungspunkten, während viele Kreise in Ostdeutschland Einwohner rapide verloren. In den kommenden Jahrzehnten wird die Siedlungsdichte stark divergieren: Bei einem durchschnittlichen Bevölkerungsrückgang von drei Prozent bis 2035 werden bereits heute relativ dünn besiedelte Regionen weiter verlieren. Gemeinden wie Radevormwald macht heute schon die Bildungswanderung zu schaffen.

Bildungswanderung Radevormwald, 2006–2015 (je 1.000 Einwohner)

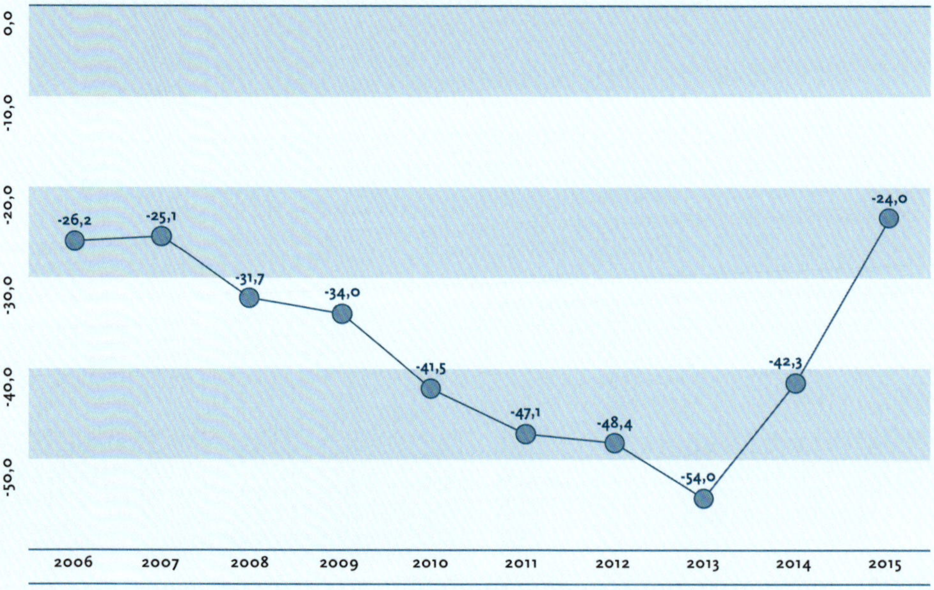

Quelle: Statistische Ämter der Länder, ZEFIR; Berechnung Bertelsmann Stiftung, Wegweiser Kommune 2015

Im Jahr 2013 zogen 54 Personen der Altersgruppe der 18- bis 24-Jährigen (berechnet auf je 1.000 Personen der jeweiligen Altersgruppe) mehr aus Radevormwald fort, als Menschen derselben Altersgruppe zugezogen sind. Der Wegweiser Kommune der Bertelsmann Stiftung erwartet für Radevormwald bis zum Jahr 2030 insgesamt einen Bevölkerungsrückgang von 13,1 Prozent im Verhältnis zu 2012.

Mittendrin

Radevormwald ist in vielerlei Hinsicht typisch für die Bundesrepublik. Gelegen im Oberbergischen Kreis, östlich von Köln, hat die Stadt mit ihren 22.000 Einwohnern seit 1990 ein Bevölkerungswachstum von vier Prozent erlebt. In den kommenden Jahren wird die Bevölkerungszahl abnehmen. Wirtschaftlich allerdings ist die Stadt nach wie vor geprägt vom verarbeitenden Gewerbe, wo immer noch 59 Prozent der Beschäftigten tätig sind. In Deutschland liegt der Anteil insgesamt hier nur noch bei etwas mehr als 24 Prozent.

Beschäftigungsanteil in den verschiedenen Sektoren, bundesweit und in Radevormwald, 2015

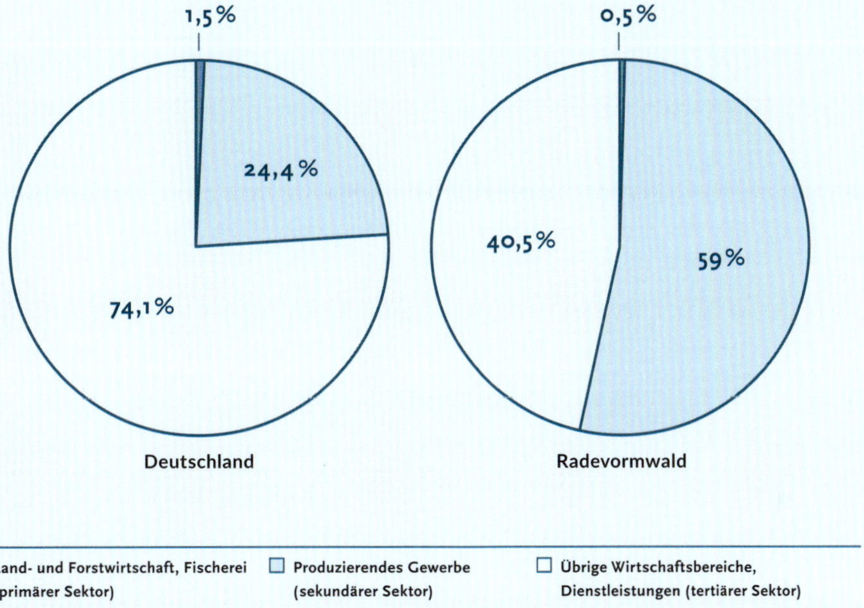

Quelle: Für die bundesweiten Zahlen: Statistisches Bundesamt, Ergebnisse der Erwerbstätigenrechnung im Rahmen der Volkswirtschaftlichen Gesamtrechnungen (VGR) 2016; für die Zahlen zu Radevormwald: Bertelsmann Stiftung, Wegweiser Kommune 2015

Die Diagramme zeigen den prozentualen Anteil der sozialversicherungspflichtig Beschäftigten in den drei großen Wirtschaftssektoren in Deutschland und in Radevormwald. Im sekundären Sektor (Bergbau, verarbeitendes Gewerbe, Energie, Bau) waren im Jahr 2015 59 Prozent aller sozialversicherungspflichtig Beschäftigten in Radevormwald tätig.

Am Rande des Booms

Deutschland erlebt einen Beschäftigungsaufschwung sondergleichen. Nie zuvor arbeiteten mehr Menschen als heute. Unternehmen klagen über Bewerbermangel. Dennoch gibt es Millionen von Menschen, die keinen Job finden. Warum eigentlich nicht? Ein Ortstermin in Hamburg.

Von Laura Bethke

Das Jobcenter in Hamburg-Harburg

Wieder einmal macht sich Kira auf den Weg zum Jobcenter. Der Weg zu der unscheinbaren Tür zwischen großen Reklameschildern mitten in Hamburg-Harburg ist ihr mittlerweile geläufig. Wieder hat sie nur einen Job für acht Wochen ergattert, wieder läuft ihr Vertrag am Ende des Monats aus. Wieder sorgt sie sich, wie es weitergeht. Seit vier Jahren geht das nun schon so. Gerade hat sie sich halbwegs eingewöhnt, hat die Abläufe und die Kollegen kennengelernt, schon ist wieder Schluss. Ihre gegenwärtige Stelle ist zwar nur ein einfacher Bürojob. Aber das macht ihr nichts aus. Sie arbeite gern, sagt sie, auch wenn die Jobs, die sie bekommen kann, immer nur Kompromisse sind.

»Ich möchte arbeiten; deshalb finde ich auch immer wieder etwas«, sagt die 27-Jährige. Bei anderen habe sie da so ihre Zweifel. Sie kenne Leute, die hätten einfach keine Lust und seien deshalb schon lange arbeitslos.

Kira ist eine von rund 70.000 Arbeitsuchenden in Hamburg im Januar 2017. Bundesweit sind derzeit rund 2,7 Millionen Menschen ohne Job. Es ist eine seltsame Situation: Die Zahl der Arbeitslosen hat sich seit Mitte der Nullerjahre fast halbiert. Deutschland boomt. Die Beschäftigung steigt immer weiter. Nie seit der Wiedervereinigung waren so viele Menschen in Deutschland sozialversicherungspflichtig beschäftigt und blieben so viele Stellen unbesetzt wie Anfang 2017. In weiten Teilen ist der Arbeitsmarkt leer gefegt, quer durch die Branchen klagen Unternehmen über Fachkräftemangel. Aus diesem Blickwinkel funktioniert die Soziale Marktwirtschaft in Deutschland prächtig.

Im Jahr 2005 waren durchschnittlich rund 4,9 Millionen Personen arbeitslos gemeldet. 2016 waren es 2,7 Millionen.

Dennoch gibt es immer noch einen harten Kern von Langzeitarbeitslosen, die keinen Einstieg in den Arbeitsmarkt finden. Und es gibt Menschen wie Kira, die es nicht schaffen, dauerhaft in einem Job Fuß zu fassen.

Der Anteil der Langzeitarbeitslosen an allen Arbeitslosen in Deutschland betrug 2016 rund 37 Prozent.

Ihre Ausbildung musste sie 2010 wegen eines schweren Bandscheibenvorfalls abbrechen. Seitdem hangelt sie sich von Kurzzeitjob zu Kurzzeitjob, häufig in Zeitarbeitsfirmen. Sie war nie lange ohne Stelle, aber der ständige Stellenwechsel und die damit verbundene Unsicherheit belasten sie sehr. Ihr Mann hat zwar ein regelmäßiges Einkommen. Aber dem Anspruch an sich

selbst, wirtschaftlich auch auf eigenen Beinen stehen zu können, wird sie mit ihrer bisherigen Beschäftigungsbiografie nicht gerecht.

Kiras Probleme sind nicht ungewöhnlich. »Wer nicht voll einsatzfähig ist, steht vor hohen Beschäftigungshürden«, sagt Markus Promberger vom bundeseigenen Institut für Arbeitsmarkt- und Berufsforschung (IAB) in Nürnberg. Es komme durchaus häufig vor, dass Betroffene nach einer Krankheit nur drei bis vier Stunden pro Tag arbeiten könnten. Für Arbeitgeber sei das unattraktiv. Entsprechend schwierig werde es, einen Job zu finden. Selbst in Zeiten, da die Beschäftigung auf Rekordhöhe ist.

1967 als Forschungseinrichtung der Bundesanstalt für Arbeit gegründet.

Michael Zeisset, Vermittler beim Jobcenter Hamburg-Harburg, hat schon die ein oder andere Krankheitsgeschichte gehört. »Die meisten finden in weniger als einem Jahr einen versicherungspflichtigen Job. Wir versuchen natürlich alles, dass es schneller geht. Oft klappt das auch, aber es gibt auch harte Fälle, die schwer zu vermitteln sind.« Zeisset ist Teil des Hamburger Teams »Intensiv beraten und vermitteln«, das Langzeitarbeitslose betreut.

Arbeitslosigkeit ist nicht nur eine Zahl. Hinter Prozentsätzen und Statistiken stehen Menschen – mit individuellen Geschichten, Schicksalen, Gefühlen. Dennoch gibt es typische Muster; die Ursachen der Arbeitslosigkeit sind wohlbekannt. Wer schlechter ausgebildet ist oder gesundheitliche Probleme hat, findet sich eher auf der Verliererseite wieder. Auch wer nicht so einfach umziehen kann, gehört zu den Risikogruppen. »Ganz wichtig ist jedoch die Motivation«, sagt Arbeitsmarktforscher Promberger. »Ohne Motivation findet niemand einen Job.«

Dennoch: Wer nicht geradlinig sein Berufsleben plant, stößt eher auf Hürden. Und wer auch noch Kinder zu betreuen hat, erst recht. So wie Katharina. Die 31-jährige alleinerziehende Mutter arbeitet nach dem Abitur erst einmal als Kellnerin, fest angestellt sogar. Was zunächst als leichter Weg erscheint, genügt ihr irgendwann nicht mehr. Mit 24 Jahren gibt sie ihren Job auf, um eine Lehre in einem Berufsfeld mit Aussicht zu beginnen. Eine sichere Zukunft,

Nach Auskunft des Statistischen Bundesamtes gab es im Jahr 2015 rund 2,7 Millionen Alleinerziehende in Deutschland.

Michael Zeisset im Beratungsgespräch

normale Arbeitszeiten, ein verlässliches Auskommen – das war die Perspektive, die sie suchte. Zunächst scheint alles glattzulaufen. Das Jobcenter vermittelt ihr eine Ausbildungsstelle als Kauffrau im Gesundheitswesen, die Katharina erfolgreich abschließt. Doch noch während der Ausbildung bekommt sie ein Kind und geht nach der Ausbildung in Elternzeit. Danach ist der Job weg. Heute, zwei Jahre später, hat sie es schwer auf dem Arbeitsmarkt. Ihr fehlt die Berufserfahrung. Und mit einem kleinen Kind ist sie nicht unbegrenzt flexibel.

2001 eingeführter Ausbildungsberuf.

Seit Kurzem arbeitet Katharina in der Verwaltung eines Instituts für berufliche Bildung. Die Stelle ist auf ein Jahr befristet, doch die junge Mutter hofft, anschließend zurück in den Gesundheitsbereich wechseln zu können. Nicht zu arbeiten, das kommt für sie nicht infrage. Sie möchte ihrem Sohn schließlich ein normales Leben bieten. »Ich bin sehr froh, dass es das Sozialsystem gibt. Aber aus der Abhängigkeit vom Staat möchte ich raus.«

Auch Kira möchte das. Um ihre Ausbildung endlich beenden zu können, fehlt ihr nicht mehr viel. Sie bräuchte nur einen Arbeitgeber, der sie in ihrem Vorhaben

unterstützt. Zur Vorbereitung auf die Prüfung bei der Industrie- und Handelskammer müsste sie sechs Wochen von der Arbeit freigestellt werden. »Solange ich bei Zeitarbeitsfirmen beschäftigt bin, ist das undenkbar«, sagt Kira.

Michael Zeisset und seine Kollegen beim Jobcenter versuchen, auch Anforderungen wie Kiras zu berücksichtigen. Seit den Hartz-Reformen der Nullerjahre nennen sie die Arbeitsuchenden »Kunden«. Sie sollen diejenigen sein, die im Mittelpunkt aller Bemühungen stehen. Dennoch könnten die Vermittler nur selten alle Wünsche erfüllen, sagt Zeisset. Im Klartext: Wer einmal arbeitslos war, muss sich danach mit weniger begnügen. Zunächst jedenfalls.

Bezeichnung für das Reformpaket, das auf Grundlage der von Peter Hartz geleiteten Kommission ab 2002 eingeführt wurde.

Zeisset will seine Kunden vor allem dabei unterstützen, Hindernisse aus dem Weg zu räumen, die sie am Arbeiten hindern. Katharinas Sohn zum Beispiel geht jeden Tag zehn Stunden in die Kindertagesstätte, damit seine Mutter arbeiten kann. Bezahlt wird die Betreuung von der Bundesagentur für Arbeit.

Die Bundesagentur für Arbeit erbringt Leistungen für den Arbeitsmarkt wie die Arbeitsvermittlung und die Arbeitsförderung. Die Agentur verwaltet die Arbeitslosenversicherung.

Das Arbeitslosengeld ist ein Kernstück der Sozialen Marktwirtschaft. Dabei kommt sie den Steuerzahler gegenwärtig recht günstig: Ihr Budget beträgt

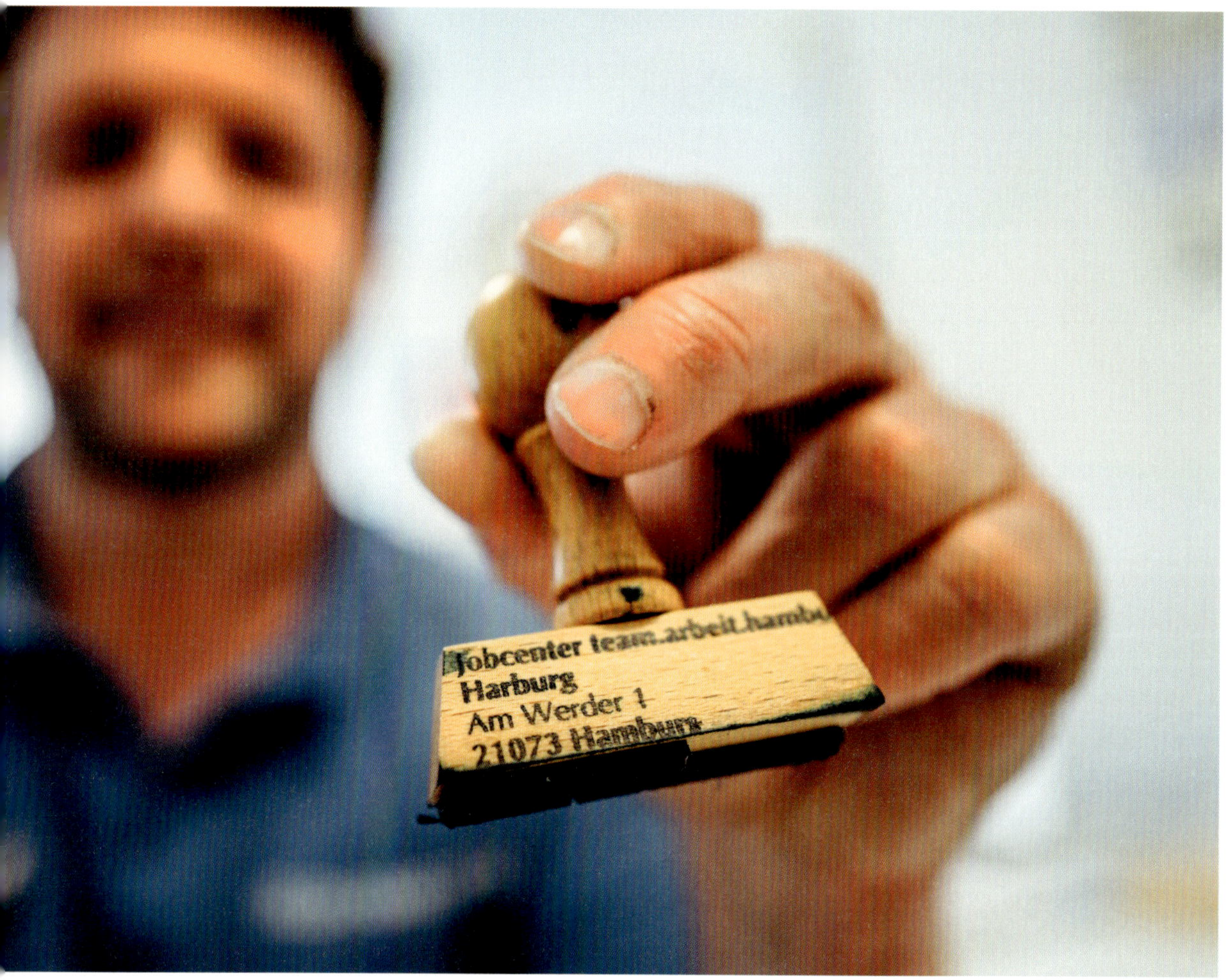

nur zwei Prozent der staatlichen Gesamtausgaben, 2015 waren das rund 31 Milliarden Euro.

Was davon kommt bei den Betroffenen an? Eine Alleinerziehende beispielsweise mit einem Kind im Vorschulalter, die arbeitslos wird und in den zwölf Monaten zuvor einer sozialversicherungspflichtigen Beschäftigung nachgegangen ist, bekommt zunächst Unterstützungen abhängig von ihrem vorherigen Arbeitseinkommen. Hat sie in ihrem alten Job 1.500 Euro brutto pro Monat verdient, bekommt sie nun von der Bundesagentur für Arbeit 730 Euro monatlich im ersten Jahr, das Arbeitslosengeld I.

Im ersten Jahr nach dem Jobverlust ist die Agentur für Arbeit zuständig. Bleibt die Person weiter arbeitslos, übernimmt das Jobcenter die Betreuung. Die Zahlungen sinken dann erheblich. Jetzt bezieht sie Arbeitslosengeld II, auch Hartz IV genannt. Es besteht aus einem Basis-Regelsatz von monatlich 409 Euro und wird in unserem Beispiel um 237 Euro für das Kind aufgestockt. Einmalig bekommt sie Geld, um eine Wohnung auszustatten und Kleidung

zu kaufen. Die Miete inklusive Heizkosten übernimmt das Jobcenter über die gesamte Zeit der Arbeitslosigkeit.

Doch wer einmal Hartz IV bezieht, gerät leicht in eine Spirale der Abhängigkeit. Er verbringt seine Zeit dann mit dem Beantragen von Lebensnotwendigem und nicht selten artet dies in Streit mit den Jobvermittlern aus. Das bindet Energie, die bei der Stellensuche fehlt. Für Menschen, die sich ohnehin nicht leichttun auf dem Arbeitsmarkt, tun sich damit zusätzliche Barrieren auf.

»Meine Wohnung war dem Amt zu teuer«, erzählt Pascal, 25. »Ich musste umziehen und viele Kompromisse eingehen.« Pascal hat die Schule abgebrochen, keine Ausbildung und kaum Berufserfahrung. Er wird seit seiner Jugend betreut, damals von der Jugendberufsagentur. Im Fachjargon der Arbeitsmarktexperten werden junge Menschen, die weder in Ausbildung sind noch arbeiten, NEETs genannt. Das steht für »Not in Education, Employment or Training«.

Die NEET-Rate bezeichnet den Anteil der Jugendlichen im Alter von 20 bis 24 Jahren, die weder erwerbstätig noch in Aus- oder Weiterbildung sind. 2014 lag diese Rate in Deutschland bei zehn Prozent.

»Oft kommen diese jungen Leute aus Familien, in denen Arbeitslosigkeit ein großes Thema ist«, sagt Arbeitsmarktforscher Markus Promberger. So ist es auch bei Pascal. Seinen Vater kennt er nicht, seine Mutter hat zwar gearbeitet, war aber auch immer wieder arbeitslos. Zurzeit geht er auf die Abendschule, um seinen Schulabschluss nachzuholen. Er will dann eine Ausbildung machen – am liebsten als Koch. Nebenbei jobbt er auf 450-Euro-Basis in einem Restaurant. »Ich will mein Leben jetzt anpacken und endlich etwas machen, das mir Spaß macht. Ich gehe nicht gerne zur Schule, aber ohne Schulabschluss geht hier in Deutschland nichts«, sagt Pascal. Seine Mutter habe ihn früher in der Schule kaum unterstützen können. Aber auch Selbstkritik ist ihm nicht fremd, er spricht von fehlender Motivation.

»Junge Menschen, die aus Familien kommen, die von Arbeitslosigkeit geprägt sind, haben es schwer, sich daraus zu befreien. Man spricht von einem ›Lock-in-Effekt‹. Sie sind in der Situation ihrer Eltern gefangen«, sagt Promberger.

Michael Zeisset vom Jobcenter Hamburg-Harburg hat die Erfahrung gemacht, dass junge Menschen unter ihrem geringen Bildungsniveau leiden und ihre Defizite allenfalls unter großen Mühen kompensieren können. Das könne sehr demotivierend sein. Und die Gefahr, alles hinzuschmeißen, sei immer da. Zeisset versucht deshalb, seine Kunden immer wieder zu motivieren: »Jeder weitere Schulabschluss oder eine Ausbildung erhöhen die Chancen am Arbeitsmarkt enorm.«

Das Arbeitslosengeld ist eine Grundsicherung und soll jedem Bürger ein menschenwürdiges Leben ermöglichen, wenn auch ein bescheidenes. Katharina und Pascal erleben tagtäglich, dass ein Leben in Arbeitslosigkeit viele Abstriche mit sich bringt. »Ich würde auch mal gerne in den Urlaub fahren. Ich war noch nie weiter weg als Dänemark«, erzählt Pascal. Ähnlich geht es Katharina und ihrem Sohn. Urlaub ist ein Luxus, den sich die beiden nicht leisten können.

Der Alltag auf Hartz-IV-Niveau ist keine soziale Hängematte. Wer von Grundsicherung abhängig ist, führt ein mühsames Leben. Das im Januar 2005 in Kraft getretene »Vierte Gesetz für moderne Dienstleistungen am Arbeitsmarkt« zielt auch darauf ab, dass Menschen, die auf Arbeitslosengeld II angewiesen sind, am kulturellen und sozialen Leben teilnehmen können. Die beiden Hamburger empfinden das nicht so. Gelegentlich gehe sie mal ins Kino, erzählt Katharina. Aber essen gehen sei zum Beispiel definitiv nicht drin. Für ihren Sohn bekommt sie monatlich zehn Euro. »Aber das reicht vorne und hinten nicht«, sagt die Hamburgerin. Die zehn Euro im Monat sind Teil des sogenannten Bildungspakets zur Teilhabe am sozialen und kulturellen Leben. Das steht Kindern von Hartz-IV-Beziehern bis zu ihrem 18. Lebensjahr zu und kann für Sport, Kunst und Nachhilfe verwendet werden. Aber zehn Euro im Monat sind eben doch ein sehr schmales Budget.

Mit dem Gesetz wurden die vorherige Arbeitslosenhilfe und die Sozialhilfe in einem neuen Leistungssystem zusammengeführt.

Zu den sogenannten Hartz-Gesetzen gehörte eine Reihe an Reformen in der Arbeitslosenversicherung. So bekamen Arbeitslose wie Kira, Katharina und Pascal bis 2004 Arbeitslosenhilfe oder Sozialhilfe. Beide Hilfen wurden durch das neue Gesetz zum Arbeitslosengeld II zusammengefasst. Und auch die Arbeitsämter mussten sich in Struktur und Arbeitsweise neu ausrichten. Plötzlich sprach man von Jobcentern. Die Arbeitsvermittler dort wurden von Verwaltungsaufgaben befreit und sollen sich auf das Vermitteln von Arbeitslosen konzentrieren.

Und sie bekamen Sanktionsmöglichkeiten an die Hand: Unter der Maxime »Fördern und Fordern« kann die zuständige Arbeitsagentur oder das Jobcenter die Zahlungen kürzen, wenn Arbeitslose ihre Meldepflicht ohne Grund versäumen. Nach drei Monaten können zehn Prozent der Regelleistungen gestrichen werden. Das erklärte Ziel: Der Druck auf Arbeitslose, sich aktiv um einen Job zu bemühen, soll nicht nachlassen.

Auch ehemalige Sozialhilfebezieher, die vor den Hartz-Reformen kaum betreut wurden, werden heute in Jobcentern betreut. Auch wenn der Sozialstaat ihnen zunächst mit größerer Härte gegenübertrat: Am Ende sollten vor allem die Arbeitslosen von den Reformen profitieren. Das war das Ziel. Hat es funktioniert?

Ganz klar ja, sagt Jobcenter-Mitarbeiter Zeisset: »Die Vermittlung hat jetzt mehr Struktur. Die Arbeitslosen sind einem Betreuer zugeordnet, wir können schneller vermitteln und das Prinzip ›Fördern und Fordern‹ umsetzen.« In Hamburg-Harburg hat ein durchschnittlicher Arbeitsvermittler 320 Kunden, zu Zeiten der Massenarbeitslosigkeit zu Beginn der 2000er-Jahre waren es doppelt so viele. »Diese Zeiten sind Gott sei Dank längst vorbei«, so Zeisset.

Von 2000 bis 2007 lag die durchschnittliche Arbeitslosenquote in Deutschland konstant über neun Prozent.

2005 waren in Deutschland fast fünf Millionen Menschen arbeitslos, inzwischen sind es nur noch gut halb so viele. »Heute brummt die Wirtschaft. Wir kriegen viele Anfragen von Arbeitgebern, die auf einmal mehrere Dutzend Leute anstellen. Das hat es vor zehn Jahren nicht gegeben«, sagt Zeisset. Auch wenn diese Angebote häufig nur von Zeitarbeitsfirmen kommen, die für »unsere Kunden« nur ein Kompromiss sind – besser ein Job auf Zeit als auf ewig auf dem Abstellgleis.

Die wachsende Zahl der Anstellungen in Zeitarbeit sei ein Beispiel für problematische Entwicklungen auf dem Arbeitsmarkt, sagt Arbeitsmarktexperte Promberger. Es gebe mehr prekäre Jobs, das heißt Anstellungen mit geringem Lohn, von kurzer Dauer und mit wenig Absicherung für die Arbeitnehmer. Viele von ihnen arbeiten ohne ausreichende Sozialleistungsansprüche, Kündigungsschutz oder Mitbestimmungsrechte. Laut Promberger sind unzureichende Einkommen aus Minijobs, Leiharbeit und Teilzeitstellen häufig ein Grund, wieso Menschen trotz Anstellung noch vom Staat unterstützt werden müssen. Zum Beispiel bekommen die sogenannten Aufstocker neben ihrem Lohn noch Arbeitslosengeld II, weil sie wegen Niedriglohn oder Teilzeitanstellung den Lebensunterhalt ihrer Familien nicht vollständig aus dem eigenen Erwerbseinkommen bezahlen können. In Deutschland betraf das zuletzt rund 1,3 Millionen Menschen.

Eine alleinerziehende Mutter zum Beispiel, die in einem Teilzeitjob sagen wir 558 Euro verdient, kann zusätzlich einen deutlich höheren Betrag für die Wohnung und den allgemeinen Lebensunterhalt erhalten. Solche Leistungsbezieher tauchen in der monatlich verbreiteten Arbeitslosenstatistik nicht auf, weil sie nicht arbeitslos gemeldet sind. »Dennoch können Sozialleistungen wie Wohngeld oder Kosten der Unterkunft und Grundsicherung in Höhe von mehreren Hundert Euro im Monat nötig werden«, sagt Promberger. »Auch diese Menschen müssen langfristig in existenzsichernde Beschäftigung vermittelt werden.«

Michael Zeisset kümmert sich schon seit 2015 gemeinsam mit den Kollegen des Teams »Intensiv beraten und vermitteln« (ibv) vom Hamburger Jobcenter aus um Langzeitarbeitslose. Ziel ist es, die Kunden in sozialversicherungspflichtige Anstellungen zu vermitteln, um sie aus der staatlichen Abhängigkeit zu holen.

Es ist ein Modell, das Detlef Scheele, der aus Hamburg stammende neue Chef der Bundesagentur für Arbeit, einst in der Hansestadt eingeführt hat und nun für ganz Deutschland empfiehlt. Sein Credo: Gerade Langzeitarbeitslose brauchen ständige Ansprache. Die Leute vom Amt sollen sie nicht in Ruhe lassen. Zu groß ist das Risiko, dass sie immer weiter vom Arbeitsmarkt fortdriften. Übersetzt in die Arbeit des Beraters Zeisset sieht das so aus: »Ich spreche meine Kunden alle sechs Wochen persönlich, wir arbeiten gemeinsam Stärken und Schwächen heraus und üben Vorstellungsgespräche. Das wäre als klassischer Vermittler nicht möglich.« Zeisset betreut als Mitarbeiter im ibv-Team nur halb so viele Kunden wie seine Kollegen in anderen Abteilungen.

Kira glaubt nicht, dass ihr ständiger Druck helfen würde. Schließlich sei sie »motiviert und flexibel«, das seien ihre Stärken, die sie nutzen wolle. Inzwischen denkt sie über eine Umschulung nach, um von den Kurzzeitjobs wegzukommen. Denn die Chance, einen Arbeitgeber zu finden, bei dem sie ihre Ausbildung doch noch ordnungsgemäß beenden kann, ist wohl gering. Ihr Berater hat ihr deshalb vorgeschlagen, in den Bereich Pflege hineinzuschnuppern: Dort gebe es eine Menge freier Stellen, Festanstellung inklusive. Kira überlegt noch. Sie will die Hoffnung nicht aufgeben, ihre einst wegen Krankheit abgebrochene kaufmännische Ausbildung noch beenden zu können. Aber vielleicht, sagt sie, müsse sie neu denken.

2015 arbeitete rund eine Million Menschen in Deutschland in Pflegeheimen oder in der ambulanten Pflege.

Jobboom

Seit Mitte der 2000er-Jahre hat sich die Arbeitslosigkeit in Deutschland fast halbiert. Dieser Erfolg basiert nicht etwa auf Umverteilung von Arbeit, sondern auf einer außerordentlichen Beschäftigungsdynamik. In der Bundesrepublik arbeiten heute so viele Menschen wie nie zuvor. Es gibt immer mehr reguläre, sozialversicherungspflichtige Jobs.

Arbeitslosenzahl in Deutschland, 1991–2017

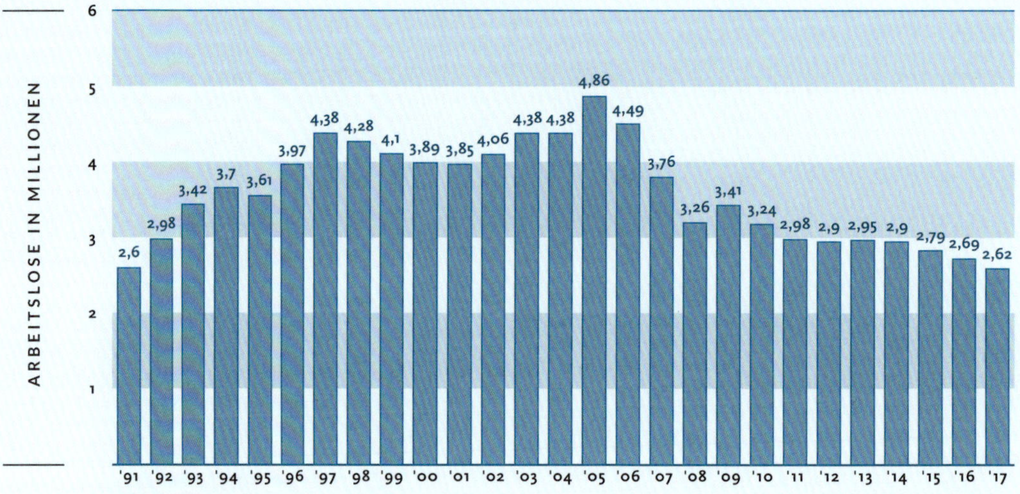

Quelle: Bundesagentur für Arbeit 2017

Die Statistik zeigt die Arbeitslosenzahl im Jahresdurchschnitt für die Jahre zwischen 1991 und 2017. Für das Jahr 2017 ist der Durchschnitt der Monate Januar bis Juni abgebildet. Im Jahr 2016 waren durchschnittlich rund 2,69 Millionen Personen arbeitslos gemeldet. Nach Definition der Bundesagentur für Arbeit ist arbeitslos, »wer keine Beschäftigung hat (weniger als 15 Wochenstunden), Arbeit sucht, dem Arbeitsmarkt zur Verfügung steht und bei einer Agentur für Arbeit oder einem Träger der Grundsicherung arbeitslos gemeldet ist.«

Differenzen

Trotz Jobboom gibt es immer noch Probleme auf dem Arbeitsmarkt. Einige Bevölkerungsgruppen haben nach wie vor Schwierigkeiten, einen Job zu finden. Wer, aus welchen Gründen auch immer, nicht voll einsatzfähig ist, tut sich schwer. Die Zahl der Langzeitarbeitslosen, derjenigen also, die ein Jahr und länger ohne Job sind, bleibt beharrlich hoch. So liegt der Anteil der Langzeitarbeitslosen an allen Arbeitslosen seit 2009 konstant über 30 Prozent. Im Jahr 2016 waren im Schnitt knapp 37 Prozent aller Arbeitslosen mehr als ein Jahr auf Arbeitssuche. Es tun sich auch große regionale Differenzen in Deutschland auf. In strukturschwächeren Regionen im Nordosten ist die Arbeitslosenquote mehr als doppelt so hoch wie im dynamischen Süden.

Arbeitslosenquote nach Bundesländern, März 2017

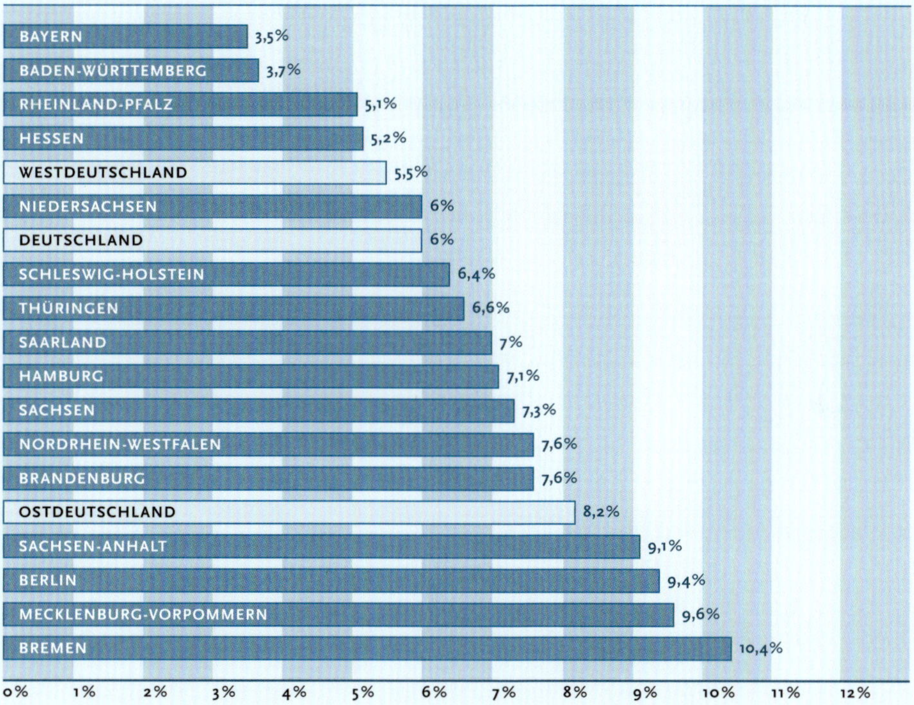

Quelle: Bundesagentur für Arbeit 2017

Die Statistik zeigt, wie hoch die Arbeitslosenquote im März 2017 in jedem der deutschen Bundesländer ist. Die Arbeitslosenquote gibt an, wie groß der Anteil der Arbeitslosen an allen potenziellen Erwerbstätigen ist, die für den Arbeitsmarkt zur Verfügung stehen. Es gibt dabei große regionale Unterschiede zwischen Bayern, wo die Arbeitslosenquote unter vier Prozent liegt, und Bremen, wo sie mehr als zehn Prozent beträgt.

Jenseits von Feuchtwangen

Zwischen Aufbruch und Beharren: Die Globalisierung stellt die Gesellschaft vor eine Zerreißprobe. Während einigen Menschen die Veränderungen gar nicht schnell genug gehen können, haben andere das Gefühl, nicht mehr mitzukommen. Eigentlich gibt es zwei Deutschlands. Was hält beide noch zusammen?

Von Claudia Wiggenbröker

Heiner Sindel am Karpfenhotel

Alma legt ihren Kopf auf dem Armaturenbrett des alten Pick-ups ab. Ihre Schlappohren wippen hin und her, während der Wagen über den Waldweg rumpelt. Sie schaut aufmerksam auf die verschneiten Bäume hinaus, als würde sie sich fragen, wann denn nun endlich ein Fuchs oder ein Reh aus dem Unterholz springt. Almas Herrchen Heiner Sindel hält nicht minder wachsam Ausschau. Erlegt der 64-Jährige ein Tier, verarbeitet er es danach weiter – in seinem Gasthaus im fränkischen Städtchen Feuchtwangen. Sindel führt das Traditionshaus nun in dritter Generation, er hat viele Stammgäste aus der Umgebung. Die können sich derzeit Rehrücken schmecken lassen, dominiert wird die Speisekarte aber von Fisch. Mittelfranken gilt als Hochburg des Karpfens.

Stadt mit circa 12.000 Einwohnern im Landkreis Ansbach.

Was auf den Tellern seiner Gäste landet, kommt aus der Nähe. Wildbret jagt Sindel selbst; er bewirtschaftet 18 Fischteiche in der Umgebung; Rind oder Schwein kauft er bei Bauern in der Region. Massenprodukte oder gar Importware kommen ihm nicht ins Haus. In dem Familienbetrieb kocht Sindels Frau, genauso wie zwei seiner Töchter. Sie werden den Betrieb übernehmen, wenn sich Sindel irgendwann zur Ruhe setzt.

2005 als Dachverband für Akteure regionalen Wirtschaftens in Deutschland gegründet.

Die dritte Tochter führt die Geschäftsstelle des Bundesverbandes der Regionalbewegung. Ein Verein, der für kleinräumigere Wirtschaftsstrukturen wirbt. Zurückdrängen der Globalisierung, Stärkung der Region – die Familie kämpft für Stabilität, Tradition und Identität in einer Welt des permanenten Wandels.

Plötzlich tritt Sindel auf die Bremse. »Da ist was!« Er lenkt den Pick-up nach links. Die Räder sacken in der Schneedecke ein. Sindel kurbelt das Fenster herunter, lässt den Blick über den Boden schweifen, wo eine Spur winziger Abdrücke zu sehen ist. »Des war a Fuchs.« Er deutet nach vorn. »Wir fahr'n noch weiter hinauf, da hab ich nen Luderplatz eing'richtet.«

Weidmännische Bezeichnung für einen Platz, an dem Tierreste ausgelegt werden, um fleischfressende Wildtiere wie Füchse anzulocken.

Das Auto ächzt, während Sindel es den Berg hinaufzwingt. Er fährt auf eine Lichtung, deutet nach links. »Da ist's.« Ein paar Meter entfernt bleibt er stehen, an einer Stelle, wo dunkelrote Blutspuren aus dem ansonsten tadellosen Weiß des Schnees herausstechen. »Ich habe Fischreste ausgelegt. Für den Fuchs«, erklärt Sindel. Bei diesen Worten wandert sein Blick zum Auto zurück. Zaghaft haben sich Almas und Urmels Vorderpfoten über die Treppe des Pick-ups in den Schnee vorgearbeitet. »Ich hab's g'wusst!«, grummelt Sindel in seinen weißen Bart und ruft dann: »Naaaaa! Bleibt's ihr wohl drin!« Nun ziehen sich die beiden wieder in den Fußraum des Autos zurück. »Er soll nur meine Witterung kennenlernen. Nicht die der Hunde.«

Sindel betrachtet das, was der Fuchs vom Fisch übrig gelassen hat. Er und die anderen Feuchtwanger Jäger müssen viele Tiere schießen, es gibt zu wenige Jäger für zu viel Wild. Allein 128 Rehe sollen in dieser Saison erlegt werden. Sie machen dem Wald zu schaffen, fressen besonders die Triebe junger Laubbäume. Die Bäume gehen ein. »Aber der Forst soll wachsen, zum stabilen Mischwald.« Also locken sie nun die Tiere mit Futter an, um sie leichter erlegen zu können.

»Früher hab ich das nie so g'macht. Da haben wir was ausgelegt, um die Tiere zu füttern. Nicht, um sie zu töten.« Der Jäger würde sich lieber auf die Pirsch legen und auf weidmännische Art auf die Tiere warten. »Aber seit drei Jahren geht das nimmer.« Wie in vielen ländlichen Regionen, so dünnt auch im ländlichen Mittelfranken allmählich die Bevölkerung aus. Die Natur gewinnt wieder an Raum.

Die Bundesrepublik – das ist inzwischen ein Land der zwei Geschwindigkeiten. Die Ballungsräume boomen, profitieren von der Globalisierung, locken Menschen und Kapital aus aller Welt an. Viele ländliche Regionen hingegen wähnen sich auf der Verliererseite. Ein Gegensatz, der in vielen westlichen Ländern seit einigen Jahren maßgeblich die Politik bestimmt. Während Städter den raschen Wandel und die kulturelle Vielfalt, die mit der Globalisierung einhergehen, eher als Chancen wahrnehmen, hat sich auf dem Lande ein Gefühl der Bedrohung ausgebreitet.

51 Prozent der EU-Bürger in ländlichen Gegenden sehen die Globalisierung als Bedrohung. In den Städten sehen 58 Prozent sie als Chance. Ergebnisse einer repräsentativen Befragung der Bertelsmann Stiftung.

Zwei Lager bilden sich heraus, die ganz unterschiedliche Antworten geben auf die Herausforderungen der globalisierten Welt. Die einen setzen auf Bewahren und Erhalten, die anderen auf Veränderung und Aufbruch. Den einen geht die Entwicklung zu rasant – den anderen kann es nicht schnell genug gehen.

Gründerin Giselle Lian in Berlin

Jenseits von Feuchtwangen, in einem anderen Deutschland, lebt Giselle Lian. Berlin-Mitte, internationale Start-up-Szene, man spricht Englisch. Deutschkenntnisse sind nicht mehr erforderlich. Sie lächelt, als sie voranschreitet in einem riesigen Raum. Einfache, helle Holztische stehen dicht an dicht. Auf eine Wand ist die Vision einer Stadt gemalt – so, wie sie morgen aussehen könnte. Alles ist möglich, alles veränderbar.

Lian hat einen Arbeitsplatz in dem Coworking-Space gemietet. Hier kann sie sich mit anderen jungen Gründern austauschen. Die Mittdreißigerin zieht durch die Tischreihen, grüßt nach links und rechts. Dann steuert sie auf einen kleinen Konferenzraum zu. Neben dem Eingang zum Konferenzraum steht in großen, schwarzen Lettern auf polarweißer Wand: »Why not now?«

»Warum nicht jetzt?«, dachte sich auch Giselle Lian, als sie von New York nach Berlin zog, um ihr Start-up Gigworks zu gründen. Die Onlineplattform soll Künstler und Event-Dienstleister mit Auftraggebern zusammenbringen. Gigworks ist Lians zweites Unternehmen, ein anderes hatte sie bereits in den USA aufgebaut – gemeinsam mit ihrem Ex-Freund. »Dann ging die Beziehung in die Brüche. Ich war irgendwie verloren – und habe nach etwas Neuem Ausschau gehalten.«

Englischer Begriff für Unternehmen in der ersten Phase nach der Gründung.

Die Amerikanerin hatte mehrere Städte ins Auge gefasst, die sie nach und nach von der Liste strich. Übrig blieb Berlin. »In Paris hätte ich eine absurd hohe Summe in Shopping investiert. In Barcelona hätte ich nur am Strand gelegen«, lacht sie. Wo also findet man schlechtes Wetter und billigere Modeläden?

DO WHAT YOU LOVE.

RAINMAKING
LOFT

»Hier in Berlin spürst du die Energie, das Leben, den Vibe. Außerdem habt ihr schöne Männer hier«, schwärmt Lian und setzt sich auf eine der Holzpaletten, die in dem Konferenzraum als Sitzgelegenheit dienen. »Berlin ist wie eine Blase aus Verrücktheit, Punk und dem Dirty Glam, wie ich es nenne.«

Frei übersetzt: schmutziger Chic.

Berlin ist in Bewegung wie keine andere deutsche Stadt. Die Einwohnerzahl wächst – bis 2030 auf 3,71 Millionen Einwohner, so prognostiziert die Bertelsmann Stiftung. Es wird gebaut, Immobilienpreise und Mieten steigen. »Es ist etwas in Gang«, meint auch die Amerikanerin. Eine Start-up-Kultur sei entstanden. Das Institut für Strategieentwicklung zählte 2012 ganze 270 Start-ups. Vier Jahre später waren es mehr als doppelt so viele. Giselle Lian hat sich gewundert, dass diese Entwicklung erst jetzt in Deutschland einsetzt – schließlich habe man hier eine so fortschrittliche Technologie. »Aber manchmal brauchen die Dinge halt etwas länger.«

Studie »Booming Berlin«: 2012 gab es 270 Start-ups in Berlin, Anfang 2016 waren es 620.

Bevor Giselle Lian nach Berlin zog, hatte sie ihr ganzes Leben in New York verbracht. »Ich war wirklich gelangweilt von der Stadt. Das wollen mir die Leute nie glauben. Wiiiie, du findest New York langweilig? Aber ja, so ist es.« Man sehe jeden Tag das Gleiche, treffe dieselben Leute. Lian wollte ein Abenteuer. »Eine andere Kultur, neue Leute. Eine andere Sprache lernen«, sie lacht. »Aber mein Deutsch ist wirklich mies. Ich habe mal gehört, dass es ein ganzes Leben braucht, um es zu lernen.« Deshalb schlägt sich die Amerikanerin nach wie vor mit Englisch durch. »Wenn man sich im Zentrum von Berlin aufhält, ist das kein Problem.« Es werde allerdings zu einem, sobald man es mit den Behörden zu tun bekomme. »In den USA musste ich 300 Dollar zahlen – und mein Unternehmen war innerhalb von zwei Wochen startklar. Hier warte ich bereits seit zwei Monaten und habe immer noch nicht die Papiere, die ich brauche.« Untermauert wird Lians Vorwurf von der Studie »Berlin gründet« (McKinsey & Company, Berlin gründet – Fünf Initiativen für die Start-up-Metropole Europas. Berlin 2013) der Unternehmensberatung McKinsey. »Die Komplexität deutscher Behördengänge erschwert ausländischen Fachkräften noch immer den Zuzug«, heißt es darin. So hätten nur 17 Prozent der Berliner Gründer einen Migrationshintergrund, während im Silicon Valley mehr als die Hälfte der Gründer aus dem Ausland kommen.

Die Botschaft: Es ist etwas in Bewegung gekommen, aber es könnte sich alles noch schneller bewegen.

Drei Männer treten in den hellen Wintergarten des Gasthauses Sindel in Feuchtwangen ein. »Hat die Oberpfalz Schnee?«, ruft Heiner Sindel zu den Herren hinüber. »Die Oberpfalz hat Schnee und Eis!«, antwortet einer. Sindel nickt. Ein kurzer Plausch mit seinen Gästen, das gehört für den Wirt dazu.

Man kennt sich und schätzt das, was man in der Region vorfindet – menschlich, kulturell, kulinarisch. Sindel treibt das Gefühl um, dass diese Werte in

einer globalisierten Welt an Bedeutung verlieren. Die Massenproduktion mache die Dinge nicht preiswert, sondern billig. Das Besondere, das Persönliche – wer wisse das noch zu schätzen? Das mache das Leben gerade für kleine Unternehmer schwer.

Deshalb hat der Gastwirt vor zwölf Jahren den Bundesverband der Regionalbewegung gegründet. Er sieht sich als Lobbyist für die kleinen Grattler. Für die sei es alles andere als leicht, neben einem Weltkonzern zu bestehen – nicht nur, weil sie ihre Produkte meist teurer anbieten. »Die Großen sind nicht umsonst groß worden. Uns fehl'n teilweise die unternehmerischen Fähigkeiten«, räumt Sindel ein.

Drei Landesverbände: Bayern, Nordrhein-Westfalen und Mittelfranken.

An diesen Punkten setzt die konkrete Arbeit des Bundesverbandes an. Er unterstützt seine Mitglieder beim Vertrieb und Transport ihrer Waren. Beispielsweise lohnt es sich für viele Landwirte nicht, Kleinstmengen ihrer Produkte wie Müsli, Honig oder Schnaps an ihre Kunden zu liefern. In der Uckermark ist vor diesem Hintergrund mit Unterstützung des Bundesverbandes eine Kooperation mit dem Personennahverkehr entstanden: Busse nehmen die georderten Produkte auf ihren freien Frachtflächen mit. So wird auch der ÖPNV auf dem Land rentabler, Synergien entstehen.

Mittlerweile würden regionale Produkte auch gut angenommen, schiebt Sindel hinterher. »Der Markt is da, da hat sich das Bewusstsein scho verändert.« Allerdings sei der Begriff »regional« mittlerweile auch trendy – und würde von größeren Anbietern verwässert. »Manche Leut glaube, dass sie regional einkaufe, weil der Discounter um die Ecke is«, erklärt Sindel und schmunzelt.

Sindel geht es nicht nur um den Erhalt kleiner Betriebe. Es geht um einen Lebensstil und auch um die Pflege der Natur. So entstand der Bundesverband 2005 aus einem Schutzprogramm – für Rebhühner. »Wir verliere a Allerweltsvogel, weil wir uns gegenüber der Natur kontraproduktiv verhalten. Dadurch, wie wir wirtschaften. Ne ganze Menge Arten kommen net mehr mit.« Regio-

nale Produktion könnte ein Stabilitätsfaktor sein, meint Sindel: Klimaschutz durch kurze Transportwege beispielsweise.

Wer Sindel zuhört, stellt rasch fest, dass er keinen hinterwäldlerischen Reaktionär vor sich hat, sondern einen Wertkonservativen. Einen Mann, der eine offene Diskussion über das Für und Wider der Globalisierung möchte. »Es is ja auch net so, als ob die Globalisierung keine Vorteile hätt.« Beispielsweise sichere sie die Versorgung mit Lebensmitteln – besonders in Ländern, die von Krieg oder Missernten betroffen sind. »Aber die Entwicklung is zu einseitig. Ich glaub, dass kleine Betriebe die Globalisierung unterfüttern müssen«, erklärt der Gastwirt. »Die sind das Fundament. Wir wollen das Bodenständige erhalten. Wurzeln in einer globalisierten Welt – des streben wir an.«

Die eigenen Wurzeln und Traditionen schützen – ein Thema, das nicht zuletzt durch den amerikanischen Präsidenten Donald Trump den öffentlichen Diskurs prägt. Mit seinem Slogan »America First« forderte er, die amerikanische Wirtschaft gegen die ausländische Konkurrenz abzuschotten. In Frankreich punktete die rechtsnationalistische Marine Le Pen mit ihrem Versprechen, die französische Lebensart zu schützen – durch neue Grenzen und kulturelle Homogenität.

Auch 45 Prozent der Deutschen sehen die Globalisierung als Bedrohung. Besonders ausgeprägt ist die Angst bei Anhängern rechtsgerichteter Parteien: Unter den AfD-Wählern sehen 78 Prozent die Globalisierung als Gefahr. Offenkundig haben viele Bürger das Gefühl, auf der Verliererseite zu stehen, unbeachtet von politischen Eliten.

Laut einer Studie der Bertelsmann Stiftung sehen 78 Prozent der AfD-Wähler die Globalisierung als Gefahr.

Für die Regionalbewegung sind solche Entwicklungen ein Problem. »Regionalität soll a klare Abgrenzung gegen Nationalismus bedeuten«, meint Heiner Sindel und erhebt Zeigefinger und Augenbrauen. Dem Bundesverband sei klar, dass sich Regionalität gut als »Mia san Mia« verkaufen lasse. »Das wär aber ne verheerende Entwicklung für uns. Regionalität soll die gesellschaftliche Breite erhalten.«

Eran Aloni zeigt zur Theke des kleinen Cafés, nur einen Steinwurf vom Ku'damm entfernt. »Wollen wir uns was zu trinken holen?« Vor dem schlichten, hölzernen Tresen wartet bereits eine Menschentraube darauf, dass ihr Soja-Latte zubereitet oder ihr Gebäck namens »Käsedings« ausgehändigt wird.

Vor zwei Jahren hat sich der Israeli Aloni in Berlin verliebt. »Die Stadt erinnert mich an Tel Aviv in den 1990ern. Alles ist frisch, im Aufbruch«, schwärmt der Israeli. »Die jungen Leute hier denken darüber nach, ihre Start-ups zu gründen.« Aloni weiß, wie sich das anfühlt – er hat bereits vier Unternehmen mit aus der Taufe gehoben.

Der 49-Jährige wuchs in einem Kibbuz in Israel auf. In den Kibbuzim werde versucht, die Ursprungsidee des Kommunismus gemeinschaftlich zu leben, erklärt er. »Jeder arbeitet. Und jeder bekommt dafür das Gleiche.« Mit 20 Jahren ging er an die Uni, mit 22 brachte er sein erstes Start-up an den Markt – aber das Studium nicht zu Ende. »Auf jeden Fall hatte ich Spaß«, resümiert er und grinst. Mit seinem abgebrochenen Studium ist Aloni eine Rarität unter den Israelis, die nach Berlin kommen: 80 Prozent haben laut einer Studie der Bertelsmann Stiftung von 2013 mindestens einen Bachelorabschluss.

Ländliche Kollektivsiedlung in Israel mit gemeinsamem Eigentum und basisdemokratischen Strukturen. Geht auf die ersten zionistischen Siedler zurück.

Als Aloni an der Ladentheke angekommen ist, bestellt er einen Café Latte – auf Englisch. Denn Deutsch spricht er nicht. »Einen Kaffee kann ich immerhin bestellen. Das ist ja wohl auch das Wichtigste«, grinst er. Er habe einfach keine Zeit, die Sprache zu lernen. Zumal der Israeli nicht das erste Mal im Ausland lebt – er war neun Jahre im Vertrieb eines Sportartikelherstellers tätig, bereiste die Welt. Auch dort war es möglich, mit Englisch durchzukommen. Dann fügt er hinzu: »Meine Kinder können übrigens Deutsch. Die verstehe ich also nicht.«

Die Sprache und die Bürokratie – das seien die beiden Faktoren, »die mich daran zweifeln lassen, dass ich für immer in Berlin leben werde.« Für seine Arbeit sei die Sprachbarriere zwar kein Problem. Bei der Gründung seines aktuellen Unternehmens sah das allerdings anders aus: Aloni hob einen Risikokapitalfonds aus der Taufe, mit dem er anderen Start-ups in Berlin Finanzierungsmöglichkeiten bieten will. Doch jede Interaktion mit den Behörden sei ein Kraftakt. Jedes Mal müsse er jemanden anheuern, der ihm dabei hilft. »Die Bürokratie hier ist wirklich verrückt. Du hörst so oft: Das können wir nicht machen! Ich habe viel Geld für Papierkram und Anwälte ausgegeben.«

Als Risikokapital werden Beteiligungen an Unternehmungen bezeichnet, die als besonders riskant eingestuft werden.

Schon die Eröffnung eines Bankkontos sei eine Strapaze gewesen. »Ich habe viele deutsche Freunde. Sie können das Ausmaß gar nicht verstehen, weil sie damit nie so konfrontiert waren. Als Ausländer, der gründen will, ist es ein echter Albtraum.« Es gehe alles unfassbar langsam. Dementsprechend ernüchternd fällt sein Fazit aus: »Heute muss ich ehrlich sagen: Ich würde nicht noch einmal hier gründen.«

Unternehmer Eran Aloni

Das Umfeld hierzulande sei auch für etablierte Start-ups nicht gerade beflügelnd. »Ich habe das Gefühl, dass viele Firmen es so sehen: Was wir bisher haben, funktioniert ja.« Diese Einstellung mache Veränderungen schwierig. »Ein Unternehmen braucht Innovationen. Doch die kannst du irgendwann nicht mehr von innen heraus schaffen. Dann brauchst du frische Köpfe, die anders denken.«

Wie passt all das zusammen? Weltstadt und Kleinstadt, Internationalität und Regionalität, Dynamik und Verlässlichkeit? Hält das Land derart tiefgreifende Widersprüche aus? Fragen, die sich viele Bundesbürger stellen. Zwei Drittel der 30- bis 59-Jährigen finden, der gesellschaftliche Zusammenhalt sei nur noch schwach ausgeprägt. Das hat das Institut für Demoskopie Allensbach in einer Studie ermittelt.

Bei einem Spaziergang durch sein Heimatstädtchen Feuchtwangen erzählt Heiner Sindel, was es früher alles in der Einkaufsstraße gegeben hat: Hier war ein Lebensmittelladen, dort noch einer. Daneben ein Friseur. Und am Ende der Straße ein Metzger, ein wirklich guter. Nicht in alle Geschäfte, deren Inhaber aufgeben mussten, ist ein Nachfolger eingezogen. Immer wieder ist die Zeile der hübschen Fachwerkhäuser mit pastellgrünem, gelbem oder rosarotem Anstrich durch leer stehende Ladenlokale unterbrochen. »Der ländliche Raum blutet aus«, resümiert Sindel. Ein Gegensatz zur boomenden Start-up-Metropole Berlin.

Dennoch: Sindel ist nicht der Meinung, dass Feuchtwangen mit seinen 12.000 Einwohnern wachsen müsse. »Wir sollten lieber unsere Stärken analysieren – was könne wir ohne fremde Investoren?« Auch in einer kleinen Gemeinde könne man Lebensqualität entwickeln, ohne dynamisch zu wachsen. Doch dafür müsse man das Bestehende nutzen und erhalten: Schulen, um auch zukünftig gut ausgebildetes Personal zu finden. Sparkassen und Volksbanken, die ihre Kunden persönlich kennen und finanzielle Engpässe abmildern können. Die *Deutsche Handwerks Zeitung* berichtet, dass im Jahr 2015 drei Viertel jener Kredite, die an Handwerksbetriebe gingen, von diesen Banken stammten. »Sie hab'n kaum a Chance als kleiner Grattler, wenn keine kleinen Banken mehr da sind«, meint Heiner Sindel.

Mundartlicher, v.a. in Bayern gebräuchlicher Begriff für kleine Gewerbetreibende.

All dies trage zum Erhalt der ländlichen Betriebe bei – und sichere damit auch die Versorgung mit Lebensmitteln, Dienstleistungen und Jobs. »Ein Global Player geht an seinen optimalen Standort. Und nicht mit kleinen, dezentralen Betriebchen irgendwo raus aufs Land.« Doch die Menschen brauchen Arbeit, um dort leben zu können. »Regionalität kann dazu beitragen, dass die Leut a Bleibeperspektive haben.«

Begriff für Unternehmen, die besonders erfolgreich am globalen Wettbewerb teilnehmen.

Und vielleicht, meint Heiner Sindel, tue es manchmal ganz gut, ein wenig innezuhalten. Beispielsweise was die Digitalisierung angeht: »Die technische Entwicklung hat so eine Rasanz, dass nur sehr wenige dabei mitkommen – nur die Elite.« Die eile voraus – und mache sich gar keine Gedanken, wer dabei auf der Strecke bleibt.

Allerdings ist auch Sindels Verein digitaler Technologie keineswegs abgeneigt. Weil viele Verbraucher gar nicht wissen, wo sie vertrauenswürdige Regionalprodukte herbekommen, hat der Verband eine App entwickeln lassen. Bauern können damit ihre Angebote an die Kunden bringen. Für einen einzelnen Kleinunternehmer wäre die Programmierung dagegen kaum zu stemmen.

Am Ende, sagt Sindel, gehe es doch darum, die Konsequenzen für die Gesellschaft im Blick zu behalten. »Wir verlieren sehr viele Fähigkeiten, die im menschlichen Leben wichtig sind. Viele Leut sitzen heut in der Gaststube und machen des«, erzählt Sindel und tippt auf einem imaginären Handy rum. »Das Hautnahe geht verloren. Es ist wichtig, dass man das wieder wertzuschätzen lernt.«

Im Zentrum von Feuchtwangen

Zwei Welten

Die Unterschiede zwischen dem ländlichen Raum und den Ballungsräumen nehmen zu. In den städtischen Zentren konzentriert sich nicht nur die wirtschaftliche Aktivität, es ziehen auch immer mehr Menschen dorthin. In den ländlichen Räumen schrumpft die Bevölkerung in den kommenden Jahren zum Teil drastisch.

Relative Veränderung der Bevölkerung in Deutschland, 2012–2030

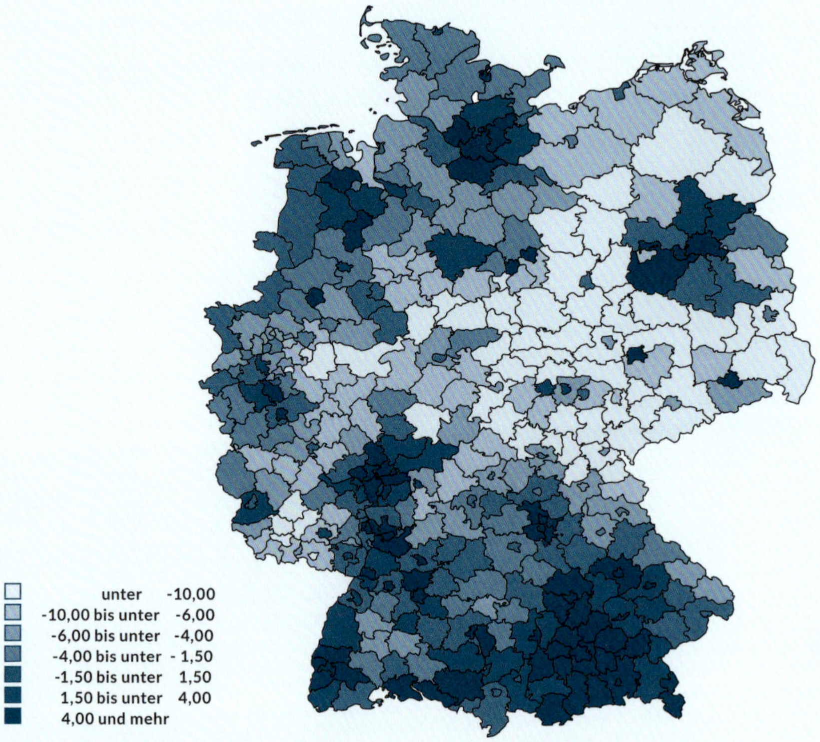

Quelle: Bertelsmann Stiftung, Wegweiser Kommune 2015

Die Karte zeigt, wie sich nach der Vorausberechnung der Bertelsmann Stiftung die Bevölkerungszahl bis 2030 verändert. Für die Vorausberechnung werden die Geburten und Sterbefälle sowie das Wanderungsmuster der Jahre 2009 bis 2012 berücksichtigt. Die Bevölkerung von Feuchtwangen wird im Jahr 2030 um 0,2 Prozent größer sein als im Jahr 2012. Die Bevölkerung von Berlin wird im selben Zeitraum um 10,3 Prozent gewachsen sein.

Zwei Sichtweisen

Es ist kaum verwunderlich, dass die Einstellungen zur Globalisierung stark differieren. Während die städtische Bevölkerung die Globalisierung mehrheitlich als Chance sieht, nimmt die ländliche Bevölkerung die nach außen offene Gesellschaft eher als Bedrohung wahr.

Stadt gegen Land

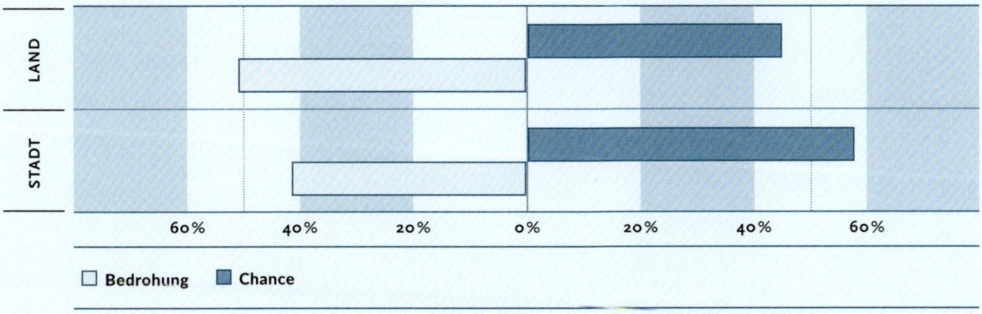

Quelle: Bertelsmann Stiftung, eupinions-Studie 3 2016

Im Auftrag der Bertelsmann Stiftung wurden im August 2016 in allen 28 EU-Mitgliedstaaten knapp 15.000 Menschen in einer repräsentativen Befragung gebeten, Auskunft über ihre Werthaltungen und ihren Blick auf die Globalisierung zu geben. Zu den meisten Fragen gibt es keinen nennenswerten Unterschied zwischen den Menschen, die in Städten leben, und denjenigen, die auf dem Land leben. Allerdings gehen die Meinungen mit Blick auf die Globalisierung auseinander: Eine absolute Mehrheit von 51 Prozent aller Befragten aus ländlichen Umgebungen nimmt die Globalisierung als Bedrohung wahr. Nur 42 Prozent der Stadtbewohner sehen dies auch so. Stattdessen sehen 58 Prozent aller Menschen, die in Städten leben, die Globalisierung als Chance.

Das Schauspiel des Alltags

In einer Marktwirtschaft gibt es zwei Gruppen von Beschäftigten: Arbeitnehmer und Unternehmer. Während die erste Gruppe im Fokus der Öffentlichkeit steht, sind die Selbstständigen eine häufig übersehene Spezies. Was prägt sie? Wer sind sie? Wie ticken sie? Ortstermine in der südwestdeutschen Provinz.

Von Anjoulih Pawelka

Es ist 7:30 Uhr, als Thomas Steidel, 52, seine Welt betritt. Jenen Ort, der das geografische Zentrum seines Lebens ist. Wo er Tag für Tag zwölf Stunden verbringt, und häufig noch mehr, seit 23 Jahren. Wo er zuhört, lacht und schmeichelt, wo er sich einzustellen versucht auf eine schier unendliche Abfolge von Frauen und Männern, die vor ihm auf dem Sessel Platz nehmen und erwarten, das Gefühl vermittelt zu bekommen, dass es allen Grund gibt, sich gut zu fühlen. Kurz: wo er arbeitet.

Steidels Welt, das sind 70 Quadratmeter Baden-Württemberg. Ein Friseursalon in Sinsheim, einer Stadt im Kraichgau, 35.000 Einwohner, bekannt für Fußball und ein Palmenparadies. Eine kleine Fußgängerzone, saubere Gehwege – Wohlstand, der bescheiden daherkommt. Guter deutscher Durchschnitt.

Laut Mikrozensus waren 2014 von den 5,6 Mio. Erwerbstätigen in Baden-Württemberg 553.000 selbstständig.

Friseur Thomas Steidel

Steidel war 28 Jahre alt, als er seinen eigenen Salon eröffnete. Viel Weiß, ein bisschen Schwarz. Auf den grauen Fliesen spiegelt sich das Licht der Halogenlampen, die er gerade eingeschaltet hat. Ein Hauch von Chemie liegt noch vom Vortag in der Luft. Gleich kommt die erste Kundin. Es ist Zeit, »den Schalter umzulegen«, wie Steidel das nennt. »Schlechte Gedanken lasse ich draußen.« Miese Stimmung zu verbreiten, das gehe im Salon einfach nicht. Zum Glück habe er fast immer gute Laune.

Eine viertel Autostunde entfernt, in einer Gemeinde nahe Heidelberg, beginnen fast zeitgleich Beate Gozdan und ihr Mann ihren Arbeitstag. Gozdan betritt die Praxis mit einem strahlenden Lächeln. Schon von Weitem merkt man ihr an, wie sehr sie sich auf ihre Arbeit freut. Gozdan hat Brötchen mitgebracht für die Mitarbeiter, wie jeden Freitag. Eine Geste, die ausdrücken soll, dass sie sich kümmert: um alle – und zur Not auch um jedes Detail. Gozdan ist nicht die Erste im Büro. Ihr Team ist bereits konzentriert dabei, die Aufgaben des Tages vorzubereiten. Die Sprechstundenhilfe am Empfang murmelt ein leises »Hallo«, bevor sie sich weiter der Arbeit an ihrem Computer widmet. Leichte Spannung liegt in der Luft, so als ob sich gleich der Vorhang heben würde – das Schauspiel des Alltags kann beginnen.

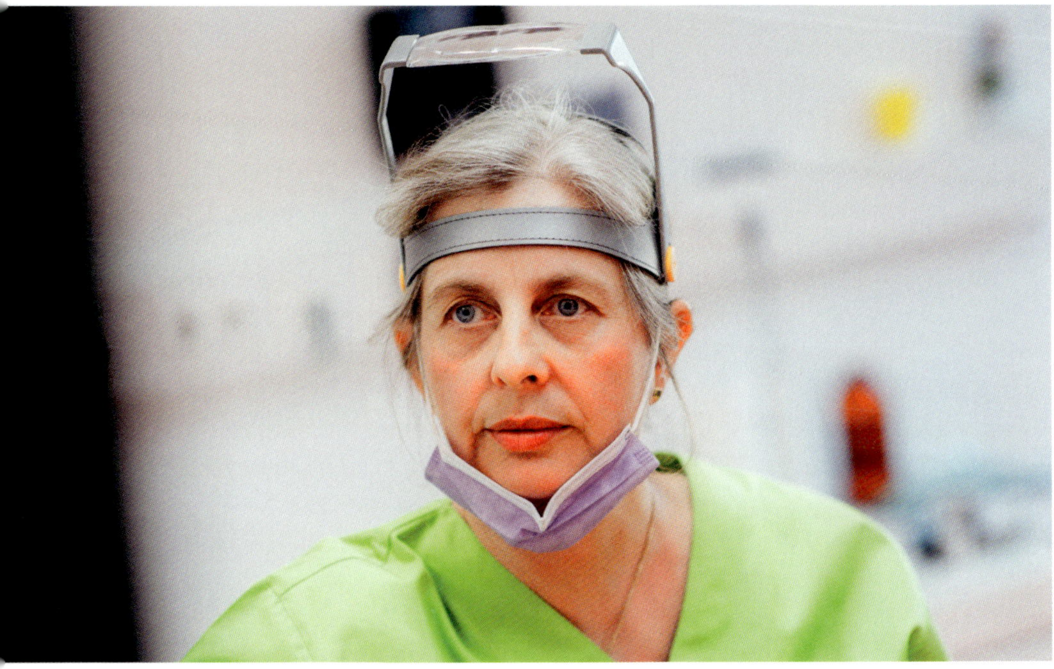

Oralchirurgin Beate Gozdan

Beate Gozdan, mit Leib und Seele Oralchirurgin, 50 Jahre, hat nicht einmal Zeit, den Mantel auszuziehen. Noch bevor sie die Brötchen im kleinen Pausenraum abstellen kann, kommt eine Mitarbeiterin auf sie zu. Hektisch gestikulierend fängt sie an zu erzählen. Anscheinend gibt es Probleme. Die beiden verschwinden im Nebenraum. Kurze Zeit später erscheint Gozdan wieder – immer noch tiefenentspannt und gut gelaunt. Problem gelöst, also weiter.

Teilgebiet der Zahnmedizin

Mittlerweile ist es 8:05 Uhr. Zügig läuft Beate Gozdan den langen, hellen Gang entlang, geradewegs ins Büro. Acht Mitarbeiter stehen in lila Kitteln wie jeden Morgen um den Computer herum. Auf dem Bildschirm flackert der Kalender auf. Ausgebucht mit geplanten Terminen. Einige sind für Schmerzpatienten und Notfälle reserviert. Man weiß ja nie. Gozdan und ihrem Mann ist es wichtig, dass kein Patient lange warten muss. Schon gar nicht mit Schmerzen. Der durchstrukturierte Tag ist aber auch wichtig, um Behandlungsabläufe zu optimieren, denn nur eine gut organisierte Praxis überlebt finanziell.

Was den Friseurmeister Steidel und die Zahnärztin Gozdan verbindet, ist neben Leidenschaft für ihren Beruf und die Selbstständigkeit die Verortung in der deutschen Gesellschaft: Beide haben ihre Wurzeln in der Mittelschicht. Nach 17 Jahren eigener Praxis lebt Gozdan mittlerweile in gehobenen Einkommensverhältnissen. Geprägt haben sie aber der Fleiß und Bildungswille ihrer Eltern. Diese kamen einst als Flüchtlinge nach Deutschland und schafften den Aufstieg in die Mitte der Gesellschaft. Gozdans Eltern haben sich dem System angepasst. Auch für sie war Arbeit wie für viele Menschen ein wichtiger Bestandteil in ihrem Leben. So ist es jetzt auch bei Beate Gozdan.

Laut Bertelsmann Stiftung gehörten 2012 58 Prozent der deutschen Bevölkerung zur Mittelschicht.

Mehr als die Hälfte aller Deutschen würden auch bei einem großen Lottogewinn weiterarbeiten. Dabei spielt weder das Bildungsniveau noch die aktuelle finanzielle Lage eine entscheidende Rolle, wie eine Studie der Bertelsmann

Stiftung und der Gesellschaft für Konsumforschung herausfand. Nur Familie und Partnerschaft sind einem Großteil der Deutschen noch wichtiger als der eigene Beruf.

55 Prozent der Befragten würden selbst nach einem hohen Lottogewinn weiter arbeiten.

Aber auch für die Soziale Marktwirtschaft spielt Arbeit eine zentrale Rolle. Das System ist darauf aufgebaut, dass so viele Menschen wie möglich einen Beruf ausüben, Steuern bezahlen, konsumieren und die Wirtschaft damit ankurbeln. Selbstständige tragen einen nicht zu unterschätzenden Teil zu dem Modell der Sozialen Marktwirtschaft bei. Zwar machen sie nur knapp elf Prozent aller Erwerbstätigen aus, doch ihre Schaffenskraft und ihr Arbeitseifer machen sie zu einer tragenden sozialen Gruppe.

Selbstständige wie Gozdan und Steidel sind Motoren von Wirtschaft und Gesellschaft. Arbeit sehen sie als Sinn, Ziel und Zweck ihres Lebens. Der Friseur und die Zahnärztin haben unterschiedliche Lebenswege und ein unterschiedliches soziales Umfeld. Vielleicht begegnen sie sich nie im Leben und trotzdem ähneln sie sich in vielerlei Hinsicht. Der wohl gravierendste Unterschied wird erst auf dem Lohnzettel sichtbar. Dennoch ist Geld für beide nicht die entscheidende Motivation für ihre tägliche Arbeit. Der Friseurmeister verdient eher in der Mitte der Gehaltsskala, die Zahnärztin ein Vielfaches mehr. Ihr Leben besteht vor allem aus Arbeit. Sie teilen zentrale Werte. Auch ihre alltäglichen Sorgen ähneln sich, trotz der Einkommensdifferenz.

Verantwortung – das ist ein zentraler Begriff in ihrem Leben. Verantwortung nicht nur für die Praxis und den Salon, sondern auch für die Mitarbeiter und darüber hinaus für die Gesellschaft. »Da sehe ich uns ganz arg in der Pflicht«, sagt Beate Gozdan. Das heiße nicht nur, dass es den Mitarbeitern wirtschaftlich gut gehe; Gozdan möchte auch, dass die Mitarbeiter in ihrem Leben etwas erreichen. Im Zweifelsfall bedeutet das auch, dass sie sich um private Dinge der Mitarbeiter kümmert. So fragt sie nach und unterstützt. Sei es beim Bestehen der Führerscheinprüfung oder bei Ernährungssachen. Bei Gozdan sind die Mitarbeiter mehr als nur »Absaugbienen«, wie Gozdan es nennt. Sie werden gefördert und gefordert.

Auch für Thomas Steidel sind die Mitarbeiter schon fast Familie. »Ich bin für die da. Wenn einer von denen nachts anruft, weil er zu viel getrunken hat, dann setze ich mich ins Auto und hole den ab. Am Ende bauen sie sonst noch einen Unfall.« Die Work-Life-Balance sei ihm wichtig: »Keiner macht bei mir Überstunden.« Und falls dies doch einmal passiere, gebe es dafür an einem anderen Tag frei. Außerdem investiere er in sein Personal. Workshops, Messebesuche und Weiterbildungen seien selbstverständlich. Dafür bezahle er dann auch gerne ein bisschen mehr.

»Was gibt es heute?« Gozdans Tonfall ist bestimmt. Ein junger Mann mit blond gefärbten Haaren tritt an den Computer, einer von insgesamt zwölf Angestellten der Praxis, Zahnarzthelfer und zuständig für Behandlungsraum Nummer fünf. Sorgfältig geht er jeden Patienten des heutigen Tages durch. Welche Behandlung ist vorgesehen, welche Vorerkrankungen hat der Patient? Immer wieder fragt Gozdan nach, gibt Tipps.

So geht es weiter. Nacheinander sprechen die Mitarbeiter jeden einzelnen Patienten durch. Die Teambesprechungen seien unerlässlich fürs Zeitmanagement, sagt Gozdan. Ohne Zeitmanagement geht nichts. Wie bei ineinandergreifenden Zahnrädern: Wenn es irgendwo klemmt, bleibt die Medizinmaschine stehen. In zwei bis drei Behandlungszimmern arbeitet Gozdan parallel. Da muss jedes kleinste Detail stimmen. Das gilt auch für die Akten. Dort ist jede Kleinigkeit vermerkt, die ein Risiko bei der Behandlung darstellen könnte; das reicht vom Herzinfarkt bis hin zur Fehlgeburt.

Thomas Steidel ist derweil dabei, eine Atmosphäre behaglicher Entspannung zu kreieren. Vier Frauen sitzen in einer Reihe vor den bodentiefen Spiegeln. Alle bekommen ihre Haare gefärbt. Im Hintergrund läuft leise »Cocoon« von Milky Chance.

Milky Chance ist ein deutsches Folktronica-Duo aus Kassel.

Steidel sitzt aufrecht auf seinem runden Drehstuhl. Schwarze Slipper mit kleinen Zierlöchern, hellgraue Jeans, enger Pullover in Schwarz. Der Vollbart passt zur Frisur, die Frisur zur ganzen Erscheinung. All das gehört zum Konzept: gepflegte Stilsicherheit, die den Kunden das Vertrauen vermitteln soll, dass dieser Mann weiß, was er tut, wenn er Hand an ihr Haar legt. Völlig versunken sitzt er da, streicht einer Kundin durch die Haare, immer wieder. Dann setzt er den Kamm an, fährt von oben nach unten und schneidet die Spitzen ab. Er erledigt seine Arbeit mit Hingabe. In manchen Momenten, wenn er sich unbeobachtet fühlt, wirkt er fast ein bisschen verletzlich.

Dabei ist das Styling der Haare gar nicht die Hauptsache. Eigentlich geht es darum, ein Gefühl des Einvernehmens und des Verstehens zu vermitteln. Die Kunden sollen sich wohlfühlen. Dazu gehört auch Small Talk. Wenn Steidel anfängt, Fragen zu stellen und zu erzählen, dann hört sich das an, als ob es jetzt, in diesem einen Moment, nichts Schöneres gäbe. »Man muss Interesse an den Leuten haben. Das ist ganz wichtig.« Die Kundin hat viel zu berichten. Einmal angestoßen, fließt ihre Erzählung in einem langen Strom, der kein Ende zu nehmen scheint, aus ihr heraus. Er nehme jeden ernst, sagt Steidel. Daher könne er sich auch noch genau an diverse Kunden und deren Haarschnitte erinnern.

Oft bekommt er sehr persönliche Geschichten zu hören. Die lege er dann in seiner, wie er es nennt, »Schatzkiste« ab. Erst wenn der Kunde das nächste Mal erscheine, öffne er diese wieder. Ansonsten wahre er Stillschweigen, das sei ja wohl selbstverständlich. »Wir sind nicht nur Friseure, sondern auch in gewisser Weise Familienmitglieder. Man erlebt alle sechs Wochen das Leben der Kunden. Da nimmt es einen dann auch schon mal mit, wenn der geliebte Hund einer Kundin stirbt.«

Beim Zahnarzt neigt sich die morgendliche Teambesprechung dem Ende zu. Die Arzthelferin liest aus der Akte die wichtigen Informationen zum letzten Patienten vor, der für heute auf der Liste steht. Gozdan ist immer noch konzentriert bei der Sache. Auch wenn sie schon mal damit beginnt, sich nebenbei umzuziehen. Zeit ist eben Geld. Fragen stellen und den Tag planen kann man auch im Unterhemd.

Es ist 8:21 Uhr. Die Behandlungsräume sind bis auf den letzten Stuhl gefüllt. Es kann losgehen. Auch ihr Ehemann, Kollege und Praxismitinhaber, ist inzwischen im Büro angekommen. Er kümmert sich neben Zahnersatz um die technischen Dinge der Praxis und ist daher bei den Teambesprechungen nicht immer dabei. Personal ist Beate Gozdans Aufgabe.

Zeit für den ersten Patienten, einen älteren Mann, den Gozdan anstrahlt. »Die Sonne geht auf«, ruft sie, als sie das Zimmer betritt. Sie stellt sich neben den Behandlungsstuhl und hört sich erst einmal die Neuigkeiten an, verfällt zwischendurch in ihren Heimatdialekt, der ein bisschen härter klingt und ein bisschen vertrauter. Es ist immerhin ihre Heimatgemeinde, in der sie jetzt ihre eigene Praxis betreibt. Gozdan liebt diese Gespräche. Dabei leuchten ihre Augen jedes Mal ein bisschen. Auch hier sind sich Steidel und die Zahnärztin sehr ähnlich. Die Gespräche gehören für sie wie selbstverständlich zum Arbeitsalltag. »Bei manchen Patienten plane ich schon ein bisschen mehr Zeit ein, da ich weiß, dass es viel zu erzählen gibt.« Zeit ist eben doch nicht nur Geld, Zeit ist auch Lebensqualität. Auch in einer gut durchorganisierten Praxis. Noch eine Nachfrage an den Patienten, wie der letzte Urlaub gewesen sei, dann werden die Spuren der letzten Operation kontrolliert. Nach fünf Minuten ist Gozdan fertig. Die Arzthelferin darf den Rest machen. Weiter geht es im Laufschritt in Behandlungsraum Nummer vier.

Der Kraichgau gehört zum kurpfälzischen Sprachgebiet.

Auf dem Zahnarztstuhl sitzt mittlerweile eine ältere Dame. Noch während des Plauschs setzt Gozdan ihre Lupenbrille auf. Die Arbeit am Zahn ist immer filigran. Auf wenigen Millimetern wird gebohrt, geputzt und kontrolliert. Da hilft ein guter Durchblick. Das Gestell mit seinem halterlosen Rahmen, das nicht auf der Nase sitzt, sondern vor die Augen geschoben wird, erinnert ein bisschen an Chefingenieur Geordi LaForge aus dem Science-Fiction-Film »Star Trek«. Gozdan beugt sich über den Mund der Patientin. Ihre langen, blonden Haare hat sie zu einem Dutt gebunden. Sie kontrolliert die Zähne und plaudert fröhlich weiter.

US-amerikanische Science-Fiction-Saga, seit 1966 mehrere Fernsehserien und Kinofilme.

Drei Minuten später ist Gozdan schon wieder auf dem Weg ins nächste Behandlungszimmer. Bis 9:20 Uhr geht das so. Dann sind die größeren, langwierigeren Sachen an der Reihe. Gozdan macht vor allem zahnchirurgische Eingriffe, ihr Mann kümmert sich um die filigraneren Dinge wie Implantate und Brücken. 9.000 Patienten haben beide in 17 Jahren Praxis behandelt. Das sind 800 Menschen pro Quartal. So locker Gozdan wirken mag, der Alltag in der Praxis ist harte Arbeit.

Mittlerweile ist Thomas Steidel mit dem Schneiden fertig, die Kundin allerdings noch nicht mit dem Reden. Es geht um Krankheiten, um Vorsorge. Binsenweisheiten gibt's vom Friseur kostenlos dazu: Auch eine Heizung müsse man regelmäßig warten; sonst gehe die irgendwann kaputt. Beim Körper sei das »ja irgendwie dasselbe«. Die beiden lachen herzhaft. Steidel erweckt den Eindruck, als habe er wirklich Spaß an dem Gespräch. Ein letztes Mal greift er in die Haare der Kundin, schneidet flink noch ein paar Spitzen hinter dem Ohr ab. Dann ruft er seinen Mitarbeiter, der die Haare föhnen soll. »Wir Friseure haben eine große Macht, die schlecht verkauft wird. Eine tolle Frisur macht dich glücklich.«

Es ist die Einstellung zur Arbeit, die Gozdan und Steidel verbindet. Der Selbstwert bemisst sich nicht zuerst in Geld, sondern ergibt sich aus einem

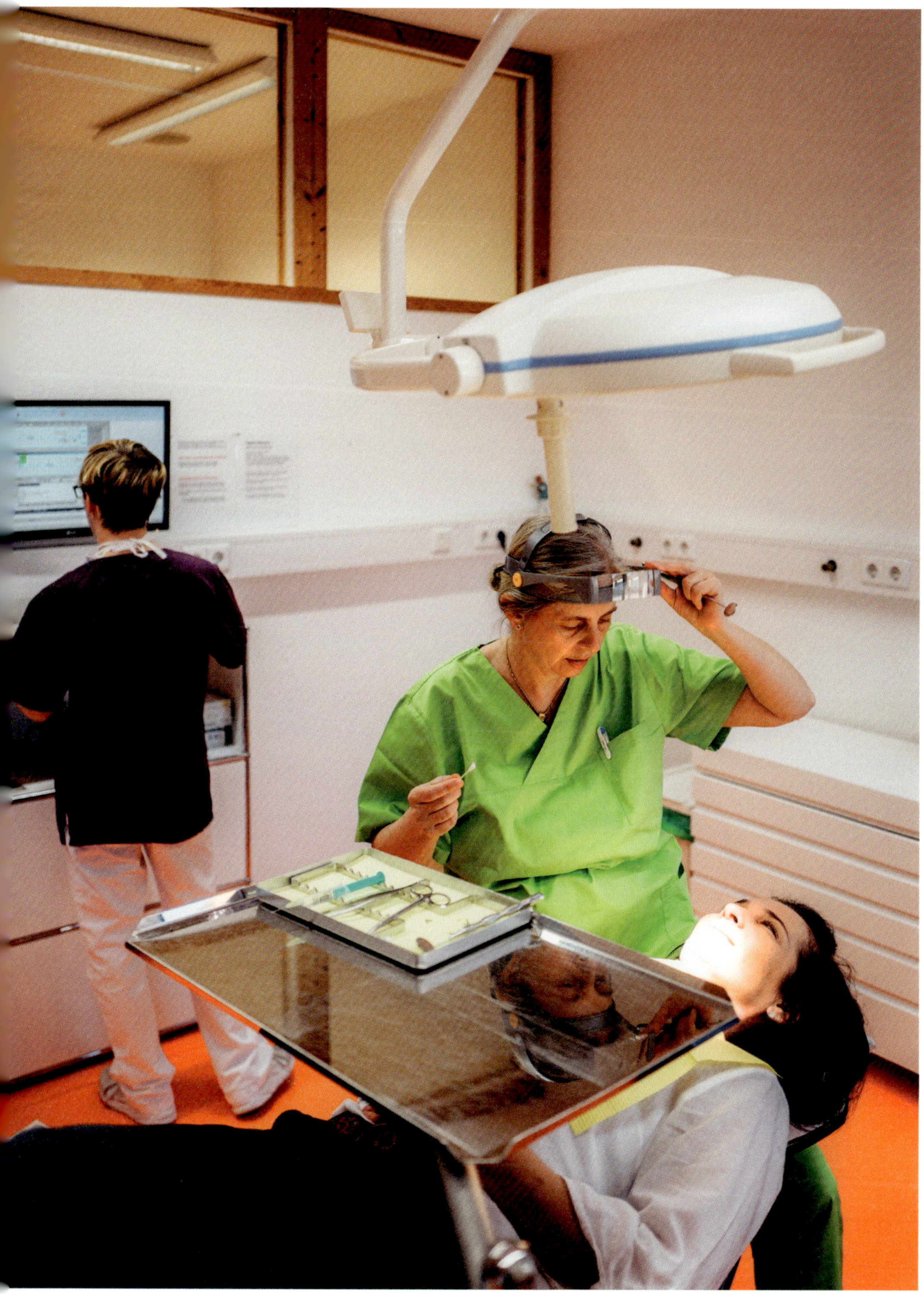

Ethos des Gutmachens. Es geht zuallererst darum, anderen Menschen Nutzen zu stiften. Weder Steidel noch Gozdan gönnen sich Pausen. Straff durchorganisiert arbeiten sie ihr Tagespensum ab. Mit dieser Einstellung sind beide typisch für die Gruppe der Selbstständigen. Wie der Global Entrepreneurship Report des Marketing-Unternehmens Amway zeigt, sind Unabhängigkeit und Selbstverwirklichung und nicht der Verdienst die Hauptgründe für den Weg in die Selbstständigkeit.

51 Prozent der in Deutschland Befragten nennen Unabhängigkeit als Hauptgrund für Selbstständigkeit im Amway Global Entrepreneurship Report 2016.

Es gab Zeiten, da fuhr Steidel noch nachts in seinen Salon, wenn er gerade aus dem Urlaub zurückgekommen war. Um die Atmosphäre zu genießen und den Geruch einzusaugen. Mittlerweile hat er sich dieses Ritual abgewöhnt, mit Rücksicht auf seine Frau.

Dass die Grenzen zur Freizeit fließend sind, ist gerade für Selbstständige typisch. Wenn Beate Gozdan zu Hause ist, wo sie sich um die beiden Kinder kümmert, lässt sie ihr Beruf nicht los. Für sie sei die Praxis wie ein drittes Kind. Zwar sind die Arbeitszeiten in der Praxis relativ berechenbar. Gozdan verlässt die Praxis meist nicht vor 17 Uhr, ihr Mann arbeitet oft bis 21 Uhr; doch abends am häuslichen Küchentisch drehen sich die Gespräche oft auch noch um den Job. Da werden Dienstpläne ausgearbeitet, die Erweiterung der Praxis geplant und Fachgespräche geführt. »Wenn du selbstständig bist, dann ist die Arbeit dein Leben«, schwärmt Gozdan. Das Schöne am Selbstständigsein sei für sie das freie Entscheiden, die Übernahme von Verantwortung. Sie verdiene viel Geld, da sie eben auch viel Verantwortung trage. »Ohne Engagement verdient man keine Kohle.«

Und trotzdem ist für Beate Gozdan Geld Mittel, nicht Zweck. In ihrer Studentenzeit lebte sie auf neun Quadratmetern. Als sie später einen Vertrag als Assistenzärztin unterschrieb, wusste sie nicht einmal, wie viel sie verdienen würde. Es würde schon reichen. Heute investieren sie und ihr Mann einen großen Teil ihrer Überschüsse wieder in die Praxis. Aber klar, es bleibt einiges übrig. Ein Oberklasseauto und ein geräumiges Haus mit Pool sind drin. Im letzten Urlaub sind sie mit dem Wohnmobil durch Frankreich gefahren. Nicht gerade abgehobener Luxus.

Bei Thomas Steidel ist die materielle Ausstattung etwas bescheidener. Aber auch er kann sich ein Haus, einen Mini und gelegentlich eine Fernreise mit der Familie leisten; vor einigen Jahren waren sie in den USA. Das Geld reiche, »aber nur, wenn man sich selbst einbringt und mit voller Kraft mitarbeitet. Du musst eben jeden Monat wieder die Nummer rocken.«

Die Lebenswelten der beiden, sie ähneln sich frappierend. Dazwischen liegen keine unüberbrückbaren Dimensionen.

Steidel ist mittlerweile bei der fünften Kundin angekommen. Gemeinsam betrachten sie Fotos auf dem Handy. Immer häufiger kommt das vor. Der Kunde

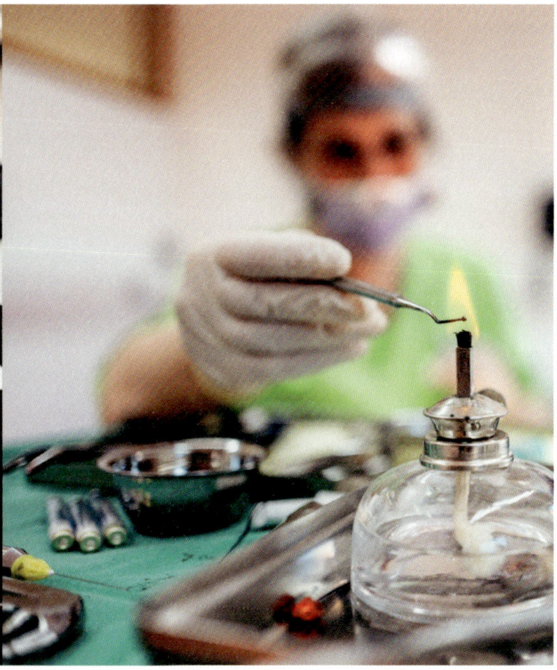

könne sich heute viel schneller informieren als früher und die Arbeit einfacher vergleichen. Auf die Frage, ob die Arbeit dadurch schwieriger würde und er Zukunftsängste habe, überlegt Steidel einen Moment länger als gewöhnlich. Natürlich mache er sich Gedanken, aber sehe die Zukunft weiterhin positiv. Steidel hat sein eigenes Erfolgsrezept: »Ich arbeite immer an mir; sonst wird man von den anderen überholt.« Schließlich gebe es viele Friseure, die ihr Handwerk verstünden.

Was bedeutet Glück? Dass seine Familie gesund sei, sagt Steidel. »Klingt abgedroschen, ist aber wirklich so.« Er hat erlebt, wie viel Gesundheit wert ist, als seine Tochter vor 15 Jahren an Leukämie erkrankte. Seine Frau hatte damals gerade das zweite Kind zur Welt gebracht. Ein halbes Jahr lang lebte er zwischen Krankenhaus und Laden. Es war eine harte Zeit. Was bedeutet gemessen daran schon Geld? »Der Ausflug im dicken Auto mit der Frau, die nur nervt, bringt auch nichts.«

Für 87 Prozent der Deutschen ist Glück gleichbedeutend mit Gesundheit.

Beate Gozdan träumt von ganz anderen Dingen: Sie würde gern in der Entwicklungshilfe arbeiten. In ein paar Jahren, wenn die Kinder mit der Schule fertig sind, könnte es so weit sein. Dann könnten sie und ihr Mann für ein paar Wochen, vielleicht auch Monate, aus der Praxis aussteigen und in Afrika oder Asien Menschen helfen, die sonst keinen Zugang zu zahnärztlicher Versorgung haben. Unentgeltlich seinen Beruf ausüben – auch das kann Luxus sein.

Kleine Minderheit

Der deutsche Arbeitsmarkt ist nach wie vor geprägt von abhängig Beschäftigten. 90 Prozent der Erwerbstätigen sind Arbeiter, Angestellte und Beamte, nur zehn Prozent sind Unternehmer.

Erwerbstätige nach Erwerbsform, 1991 und 2015 (in Prozent)

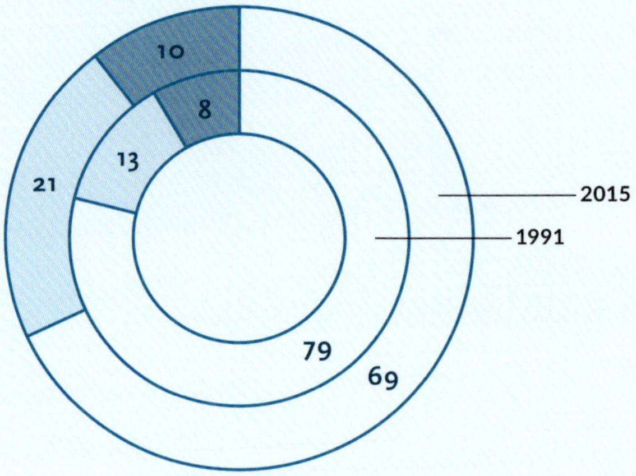

SELBSTSTÄNDIGE ATYPISCH BESCHÄFTIGTE NORMALARBEITNEHMER/-INNEN

Ergebnisse des Mikrozensus. Ohne mithelfende Familienangehörige
Quelle: Statistisches Bundesamt, Statistisches Jahrbuch 2016

Laut Definition des Statistischen Bundesamtes zählen zu den Erwerbstätigen alle Personen, die als Arbeitnehmerinnen und Arbeitnehmer (Arbeiterinnen und Arbeiter, Angestellte, Beamtinnen und Beamte, geringfügig Beschäftigte, Soldatinnen und Soldaten) oder als Selbstständige bzw. mithelfende Familienangehörige eine auf wirtschaftlichen Erwerb ausgerichtete Tätigkeit ausüben. Im Mai 2017 sind dies 44 Millionen Menschen in Deutschland. In der vorliegenden Grafik sind die mithelfenden Familienangehörigen nicht mitgerechnet.

Mächtige Motive

Selbstständige sehen ihre Entscheidung überwiegend als Chance. Den meisten Gründern geht es darum, sich zu entfalten und sich persönlich zu entwickeln. Defensive Motive spielen eine untergeordnete Rolle.

Warum machen sich Menschen selbstständig? (in Prozent)

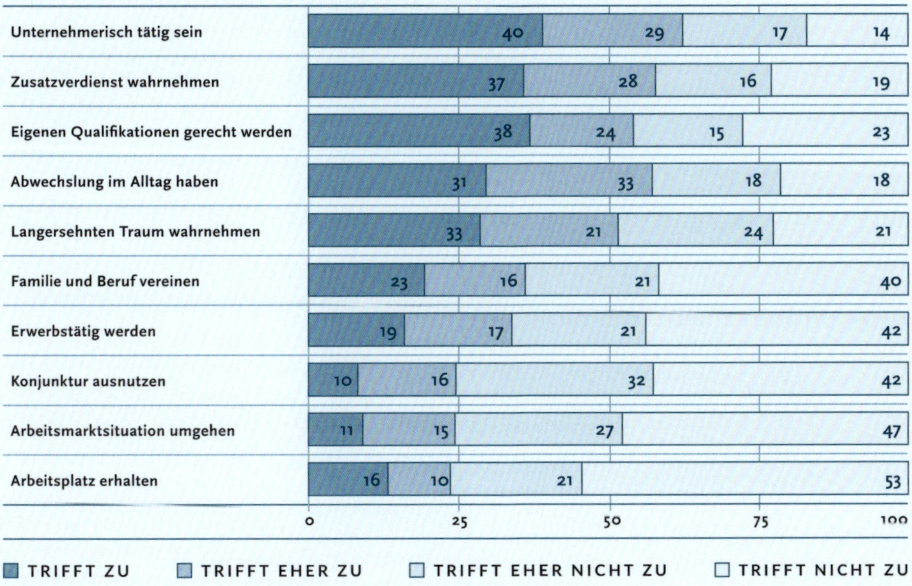

Quelle: KfW-Gründungsmonitor 2016

Die Grafik zeigt die Ergebnisse einer Zusatzbefragung im Rahmen des KfW-Gründungsmonitors 2016. Unternehmerisch tätig zu sein, ist der wichtigste Beweggrund, aufgrund dessen Gründer den Schritt in die Selbstständigkeit wagen. 40 Prozent der Befragten des Jahres 2015 sehen darin voll und ganz einen Grund für ihre Selbstständigkeit.

Die neuen Hoffnungsträger

Rasant verändert sich die deutsche Gesellschaft: Überalterung und Landflucht, die Integration von Migranten und der Fachkräftemangel stellen den Staat in den kommenden Jahrzehnten vor große Herausforderungen. Ist der Staat diesen Herausforderungen allein gewachsen? Vermutlich nicht. Deshalb springen schon jetzt immer öfter Social Entrepreneurs ein.

Von Daniel Schmitz

Kein Arzt, kein Bäcker, kein Supermarkt. Alle haben geschlossen und sind fortgezogen. Schulgebäude stehen leer und verrotten. Vereine lösen sich auf, weil der Nachwuchs fehlt. In immer mehr Orten auf dem Land ist das Leben beschwerlich geworden. Viele Dörfer in Deutschland scheinen keine Zukunft mehr zu haben; so zeigen es regelmäßig Studien zur Bevölkerungsentwicklung. Junge Erwachsene zieht es in die Großstädte. Zwar nimmt der ländliche Raum einen Großteil der Gesamtfläche Deutschlands ein, doch trotzdem leben weniger als 20 Prozent der Deutschen auf dem Land. In den kommenden Jahrzehnten wird sich die Lage deutlich verschärfen: Ländliche Regionen werden zusehends entvölkert, während sich die schrumpfende Bevölkerung in den Ballungsräumen konzentriert.

Laut der Bundeszentrale für politische Bildung nahm der ländliche Raum im Jahr 2013 60 Prozent der Gesamtfläche Deutschlands ein. 18 Prozent der Bevölkerung leben hier und zehn Prozent der Arbeitsplätze befanden sich hier.

Dieses Schicksal wird wohl auch Jülich ereilen, den Heimatort von Social Entrepreneur Heinz Frey. Eine Kleinstadt im Rheinland, rund 33.000 Einwohner, verteilt auf 16 Ortsteile. Im kleinsten Ortsteil, in dem Heinz Frey wohnt, leben gerade einmal 400 Menschen. Ein echtes Dorf. Bis 2030 wird ganz Jülich wohl mehr als 1.500 Einwohner verlieren, prognostiziert der Wegweiser Kommune der Bertelsmann Stiftung. Die älteren Bewohner werden immer mehr, die Jüngeren immer weniger. 2030 wird fast jeder dritte Jülicher 65 Jahre oder älter sein. Sind die deutschen Dörfer überhaupt noch zu retten? Ja, natürlich, sagt Heinz Frey.

Wörtlich Sozialunternehmer. Beschreibt Menschen, die mit unternehmerischen Mitteln zur Lösung gesellschaftlicher Probleme beitragen wollen.

Anfang Januar 2017 im Seniorenheim Haus Berg in Brachelen. Ein kleines Dorf zwischen Mönchengladbach und Aachen. Die Sonnenstrahlen bahnen sich ihren Weg durchs Fenster in den großen Konferenzraum. Heinz Frey,

Heinz Frey im DORV-Zentrum in Jülich

weißes Haar, weißer Bart, Brille, sitzt auf einem einfachen Stuhl. Auf dem Glastisch vor ihm liegt eine Mappe mit seinen Unterlagen. Bei einem Glas Wasser wartet er auf seinen Gesprächspartner. Heute geht es darum, neue Mitstreiter zu gewinnen.

Frey hat ein Konzept entwickelt, das er DORV nennt. Hinter dem Kürzel verbergen sich Zentren, in denen Dorfbewohner an einem Ort alles erledigen können, was im Alltag anfällt. Einkaufen, Fotos drucken, Geld abheben, Nummernschild abholen, Kaffee trinken. Alles in einem Raum. Das ist die Idee. Und Frey verfolgt sie hartnäckig, bereits seit anderthalb Jahrzehnten.

Als vor knapp 15 Jahren die Sparkasse in seinem Heimatort schloss, platzte Frey der Geduldsfaden. Vorher waren schon Bäcker und Metzger weggezogen. Der Betrieb auf dem Land lohne sich einfach nicht mehr, hieß es bei jeder Schließung. Frey hätte abwarten können, was mit seiner Heimat passiert. Das ist aber überhaupt nicht sein Ding. Er tat sich mit Bekannten aus der Nachbarschaft zusammen, reiste durch die verschiedensten Dörfer in ganz Deutschland, um sich Anregungen zu holen. Immer mit der Frage im Hinterkopf: Wie lässt sich die Versorgung mit den Dienstleistungen und Produkten von Banken, Supermärkten oder Bäckern im ländlichen Raum auch in Zukunft aufrechterhalten?

Nach seiner Reise hatte Frey eine Antwort: das DORV-Konzept. DORV ist eine Abkürzung und steht für »Dienstleistung und ortsnahe Rundum-Versorgung«. Frey ist Geschäftsführer und das Gesicht des Vereins. Ein eigenwilliger Kopf mit großer Energie und einer gehörigen Portion Sturheit, der über sich

selbst sagt: »Ich kann es überhaupt nicht leiden, wenn man stundenlang palavert und nichts dabei rumkommt. Das ist heute in unserer Welt sehr verbreitet, insbesondere in der Politik. Die reden stundenlang und haben nichts gesagt.« Er sei da völlig anders. »Ich packe an.« Dabei bekam Frey zu Beginn ordentlich Gegenwind von so gut wie jeder Person, der er von seiner Vision erzählte. So ein Zentrum sei kompletter Blödsinn, nicht realisierbar, Traumtänzerei.

Von wegen: Inzwischen gibt es 30 dieser DORV-Zentren, über ganz Deutschland verteilt. Ein Modellprojekt, für das sich immer wieder auch Vordenker aus dem Ausland interessieren.

DORV-Zentren gibt es aktuell in Baden-Württemberg, Brandenburg, Mecklenburg-Vorpommern und Nordrhein-Westfalen.

An diesem Tag ist Frey also in Brachelen, um seine Idee weiter zu verbreiten. In den Raum kommt Bernd Bogert, ganz außer Atem. Bogert ist Geschäftsführer der St. Gereon Seniorendienste, die das Seniorenheim betreiben. Typ: rheinische Frohnatur. Bogert hat Heinz Frey um Hilfe gebeten. In einem seiner Seniorenheime will er einen Raum zu einem DORV-Zentrum umbauen und es als Treffpunkt für den ganzen Ort etablieren.

Doch auch Bogert musste schnell feststellen: So einfach ist das nicht. Wie finanzieren wir das Zentrum? Wie überzeugen wir die Dorfbewohner von unserer Idee? Was sollen wir ihnen dort anbieten? Viele Fragen, an denen so ein Projekt schnell scheitern kann. Fragen, die Heinz Frey hilft zu beantworten. Bei jedem Zentrum geht es immer wieder aufs Neue darum, Lösungen für ganz spezifische Herausforderungen zu finden. Denn jedes Dorf ist anders: anderer Betreiber, andere Wünsche der Dorfbewohner, andere Beamte in der Verwaltung. Mit der Beratertätigkeit verdient sich Frey mittlerweile seinen Lebensunterhalt. Gestern war er noch in Braunschweig, wo auch ein DORV-Zentrum entstehen soll. Morgen ist er in einer ZDF-Talkshow zu Gast.

36 Jahre lang hat er als Lehrer an einem Gymnasium gearbeitet. Das habe ihm immer Spaß gemacht, sagt Heinz Frey. Genug war ihm das aber nicht. Deshalb hat er sich schon immer sozial engagiert. Er war am Bau von Sportplätzen beteiligt, hat Nachbarschaftsinitiativen gegründet. Seit mehr als zwei Jahrzehnten sitzt er im Rat der Stadt Jülich. Und dann die erfolgreiche Idee der DORV-Zentren. Nach ein paar Jahren gab Frey seinen Beruf auf, um nur noch als Sozialunternehmer seine Botschaft zu verbreiten: Nein, der ländliche Raum ist nicht tot. Ihm gehört die Zukunft, wenn die Dorfbewohner ihr Schicksal in die Hand nehmen. Auch wenn diverse Studien das Gegenteil behaupten. Möglich machte ihm das ein Stipendium von Ashoka Deutschland, einer Non-Profit-Organisation, die Social Entrepreneurs fördert.

Ashoka ist eine Non-Profit-Organisation, die Sozialunternehmer weltweit durch Stipendien und Beratung unterstützt.

Manchmal dauert es mehr als drei Jahre, bis ein DORV-Zentrum eingerichtet ist. Mit Bernd Bogert hat sich Frey schon fünf Mal getroffen. Spätestens im Sommer soll die Finanzierung stehen. Aktuell laufen die Befragungen der Bürger, die in das Projekt miteinbezogen werden und sagen sollen, was sie gern im DORV-Zentrum vorfinden würden. Dies ist der erste Schritt auf dem Weg zu einem eigenen Zentrum. Frey hat einen peniblen Projektplan ausgearbeitet, wie ihn auch jeder Unternehmensberater aus der Tasche zieht. Solche Beratungsgespräche sind für ihn längst Routine.

Dennoch: Entscheidend ist am Ende der Faktor Begeisterung. Es braucht einen Kern von Menschen vor Ort, die sich für das Zentrum engagieren wollen. Gibt es diese Menschen nicht, dann hat das Projekt keine Chance. Dann sei der Ort womöglich verloren, sagt Frey, weil die Bewohner dem negativen demographischen Trend nichts entgegenzusetzen haben.

Das DORV-Konzept steht exemplarisch für das Subsidiaritätsprinzip, eines der Grundprinzipien der Sozialen Marktwirtschaft. Es besagt, dass die jeweils größere Einheit nur dann eingreifen soll, wenn die kleinere Einheit ein Problem nicht mehr in den Griff bekommt. Zunächst sind Individuen und Familien gefordert, dann die Kommunen, dann die Länder – und irgendwann, wenn keiner mehr weiterweiß, der Bund.

Politisches Grundprinzip, das besagt, dass jede politische Ebene die Entscheidungsbefugnisse haben soll, die sie braucht, um die Probleme zu lösen, die sie selbst bewältigen kann, ohne dass übergelagerte Ebenen eingreifen.

Wer Prognosen für die kommenden Jahrzehnte aufmerksam liest, der stellt fest, dass der Staat zunehmend überfordert sein dürfte. Denn die demographische Entwicklung entvölkert nicht nur ganze Landstriche, sie setzt auch die öffentlichen Finanzen und das Sozialsystem unter Druck. Der wachsenden Gruppe von Senioren, die nicht mehr arbeiten, steht eine immer kleiner werdende Gruppe von Sozialversicherungspflichtigen gegenüber, die das Geld erwirtschaften müssen. Deshalb wird die Gesellschaft schon aus der Not heraus das Subsidiaritätsprinzip stärken müssen. Der Staat wird nicht mehr alle Aufgaben, wie wir es gewohnt sind, selbstverständlich erledigen können. Er wird Verantwortung zurückdelegieren an die Bürger. Wo die Behörden überfordert sind, müssen sich die Bürger selbst helfen. Die entscheidende Frage: Nehmen die Bürger die Entwicklung als Zumutung wahr? Oder als Aufforderung, selbst nach Lösungen zu suchen?

Laut einer Studie des IAB im Auftrag der Bertelsmann Stiftung kann die Zahl der Erwerbspersonen in Deutschland von heute 45 Millionen auf unter 29 Millionen Personen im Jahr 2050 sinken.

Heinz Frey ist, so gesehen, ein Vorbild. Aber sieht er sich selbst so? Schwierige Frage, findet Heinz Frey. Einerseits könne eine Person schlecht ganz allein die Lebensqualität auf dem Land retten. Da sei auch weiterhin das Engagement des Staates gefragt. Andererseits sei schon viel gewonnen, wenn der Staat engagierten Personen weniger Steine in den Weg legen würde. »Man kann als Bürger wunderschöne Dinge tun – solange das dem Bürgermeister oder dem Landrat in den Kram passt. Wenn nicht, dann werden diese Projekte einfach ausgetrocknet.« Frey redet sich jetzt in Rage. »Die Politik sollte uns weniger bevormunden und die Leute mehr machen lassen.« Schließlich seien wir alle der Staat. Da gehöre es einfach dazu, sich fürs Gemeinwesen einzusetzen.

Frey ist jetzt 62, in einem Alter also, in dem es andere Menschen gern ruhiger angehen lassen. Doch er scheint gerade erst anzufangen. DORV expandiert.

Derzeit baut Heinz Frey Regionalbüros in fünf deutschen Städten auf, um auch die Interessenten außerhalb des Rheinlands besser betreuen zu können. Regelmäßig kommen Anfragen von Interessenten aus dem Ausland, die sich für seine Idee begeistern. Sogar aus China kam schon ein Hilferuf. Parallel dazu entsteht eine Onlineplattform, über die die Dorfbewohner in Jülich-Barmen künftig Produkte bestellen können. Innerhalb von 24 Stunden sollen sie die Ware dann im ortsansässigen DORV-Zentrum abholen können. So will Frey die Digitalisierung auch im ländlichen Raum nutzbar machen.

Die Vereinten Nationen gehen davon aus, dass im Jahr 2030 26 Prozent der chinesischen Erwerbsbevölkerung älter als 65 Jahre sein werden.

Ob das wirklich so funktioniert? Auch mit dieser Idee stößt Heinz Frey wieder auf viel Skepsis. Schließlich leben in Barmen viele ältere Menschen, für die das Internet tatsächlich noch Neuland ist. Die Kritik lässt er aber an sich abprallen. Es gebe eben überall Leute, die wissen, wie es nicht geht, aber nur ganz wenige, die ein Problem wirklich anpacken.

Frey ist sich bewusst, dass er auch mit noch so viel Engagement aussterbende Dörfer nicht allein retten kann. Trotzdem: Kampflos will er sich nicht ergeben. Auch wenn er nur in begrenztem Ausmaß dazu beitragen kann, deutschen Dörfern eine Perspektive zu bieten.

Dass sich Social Entrepreneurs wie Frey für das Gemeinwohl engagieren, wird angesichts der zunehmenden Herausforderungen für den Staat immer wichtiger. Staats- und vor allem Pflegeausgaben steigen, weil die deutsche Bevölkerung immer älter wird. Deutschland wird schon bald zu den Ländern mit den höchsten altersbedingten Ausgaben in der EU zählen. Soll unser Sozial-

Die EU-Kommission prognostiziert, dass Deutschland zu den zehn EU-Ländern gehören wird, in denen die altersbedingten Ausgaben bis 2060 am stärksten ansteigen werden. Nur Slowenien, Malta und Luxemburg müssen mit einem höheren Anstieg der altersbedingten Ausgaben rechnen.

system in der heutigen Form bestehen bleiben, dürfen gerade bei der jungen Generation keine Potenziale verschenkt werden. Denn sie soll das System später finanzieren. Das große Ziel: Die Soziale Marktwirtschaft soll auch unter veränderten demographischen Voraussetzungen so funktionieren wie heute. Hier setzt die Idee von Murat und Şerife Vural an.

Wie auch bei vielen anderen Social Entrepreneurs ist es bei den Vurals die eigene Erfahrung, die sie antreibt. Die Geschwister aus Castrop-Rauxel im Ruhrgebiet haben als Kinder mit Migrationshintergrund selbst erlebt, wie schwierig Schule sein kann. Auf tatkräftige Unterstützung von zu Hause konnten sie kaum hoffen. Vorbilder mit erfolgreicher Bildungskarriere gab es nicht in der Familie und im Freundeskreis. Später wurde den beiden klar, dass sie keine Einzelfälle sind: Wer aus einer bildungsfernen Familie stammt, ist systematisch benachteiligt. Und je mehr Deutschland zum Einwanderungsland wird, desto mehr Kinder und Jugendliche brauchen Hilfe in der Schule.

Kreisangehörige Stadt im nördlichen Ruhrgebiet, 74.200 Einwohner. Früher geprägt durch Groß- und Schwerindustrie.

Diese Erkenntnis wurde zum Projekt der Geschwister Vural. Vor über 13 Jahren gründeten sie ihren Verein, der heute Chancenwerk e.V. heißt. Mittlerweile ist Chancenwerk e.V. in sieben deutschen Bundesländern an 66 Schulen vertreten, mehr als 3.300 Schüler bekommen derzeit dank des Vereins Unterstützung in der Schule.

Chancenwerk e.V. 2017: 29 Städte, 66 Schulen, 3.306 Schüler, 365 Studierende, 31 Mitarbeiter.

Durch gezielte Nachhilfe in Schulen will Chancenwerk e.V. benachteiligten Schülern zu besseren Bildungschancen verhelfen. Denn obwohl in Deutschland immer weniger Jugendliche die Schule ohne Abschluss verlassen, sind die Bildungschancen weiterhin stark von Wohnort und sozialem Hintergrund abhängig. Noch immer schaffen es nur 14 Prozent der Kinder von Eltern mit niedriger Bildung aufs Gymnasium. Haben die Eltern eine gute Bildung genossen, sieht es ganz anders aus: Hier besuchen 61 Prozent der Kinder ein Gymnasium. Um diesen Entwicklungen zu trotzen, setzt Chancenwerk e.V. auf ein besonderes Tutorensystem, die sogenannte Lernkaskade. Bei der Lernkaskade unterrichten Studierende ältere Schüler in einem Fach ihrer Wahl. Die älteren Schüler geben im Gegenzug ihr Wissen an jüngere Mitschüler weiter. Dafür zahlen die Eltern der jüngeren Schüler einen geringen Beitrag. Für Kinder aus Familien mit Anspruch auf Mittel des Bildungs- und Teilhabesystems kann das Amt die Kosten übernehmen. Hauptsächlich finanziert sich der Verein aber über Spenden von Unternehmen und Stiftungen.

Şerife Vural hält als operative Geschäftsführerin engen Kontakt zu den Kooperationsschulen von Chancenwerk e.V. Es ist die lange Reihe kleiner Erfolgserlebnisse, die die 40-Jährige anspornen. »Wenn ich eine Mail bekomme von einer neuen Kooperationsschule mit 50 interessierten Schülern, dann ist das schon ein schönes Gefühl. Vor allem, wenn man bedenkt, dass alles mit einem kleinen Nachhilfekurs in Castrop-Rauxel angefangen hat. Ich kann mir nicht vorstellen, noch mal woanders zu arbeiten.«

Die Vurals kennen die Probleme, mit denen benachteiligte Schüler konfrontiert sind, aus eigener Erfahrung. »Wir hatten Probleme mit der Sprache, wir hatten Probleme an der Schule, wir hatten Probleme an der Uni. Deshalb haben wir gesagt: Was uns passiert ist, darf niemandem sonst passieren. Das ist die Grundmotivation«, erklärt der 42-jährige Murat Vural. Jahrelang hat er sich ehrenamtlich für den Verein engagiert, heute ist er geschäftsführender Vorsitzender. Trotz der vielen Hindernisse hat er den Sprung von der Hauptschule aufs Gymnasium geschafft. Später hat er ein Studium als Elektroingenieur an der Ruhr-Universität Bochum abgeschlossen und dort seine Promotion begonnen. Şerife Vural hat einen Abschluss als Diplom-Sozialpädagogin. Die Kinder türkischer Zuwanderer haben sich nicht von ihrem Weg abbringen lassen – durch Eigeninitiative und Entschlossenheit.

Erste Universitätsneugründung in der Bundesrepublik 1962. Mit 42.400 Studierenden heute eine der zehn größten Universitäten Deutschlands.

Müsste der Staat nicht eigentlich viel mehr für gerechte Bildungschancen tun? Social Entrepreneur Murat Vural ist das viel zu einfach. Man könne doch Lösungen nicht immer nur von oben erwarten. »Ich sehe meine Aufgabe nicht darin, für den Staat einzuspringen. Wir denken simpel: Es gibt Kinder, die haben nicht die gleichen Startbedingungen. Und wir wollen ihnen gleiche Startbedingungen ermöglichen. Ende.« Das Problem der unterschiedlichen Bildungschancen sei nun mal mit Geld allein nicht lösbar. Die Bürger dürften sich nicht passiv zurücklehnen und auf Lösungen warten. »Sie müssen selbst welche finden«, so der Gründer.

Die sozialunternehmerische Idee, die das Projekt trägt, ist das Konzept der Lernkaskade. Murat Vural hat die Idee für das Tutorensystem selbst entwickelt. Er erinnert sich noch gut an die Situation. Er saß in einem Seminar an der Hochschule, ihm war gerade langweilig. Also überlegte er sich, wie er als Nachhilfelehrer möglichst viele Schüler erreichen könnte, ohne selbst eine riesige Gruppe gleichzeitig unterrichten zu müssen. Ein paar Skizzen auf Papier – und schon war das Konzept der Lernkaskade entstanden. Auch die Unternehmen und Stiftungen, die Vural als Geldgeber für seinen Verein gewinnt, lassen sich von der Methode überzeugen. Das Anwerben neuer Spender ist inzwischen Vurals Hauptaufgabe.

91 Lernkaskaden in 29 Städten.

Am Ziel angekommen sehen sich Şerife und Murat Vural längst noch nicht. Am liebsten würden sie jedem benachteiligten Schüler in Deutschland die Möglichkeit geben, Nachhilfe von Chancenwerk e.V. zu bekommen. Aber so viele engagierte Leute gibt es nun mal nicht. Mal fehlen Lehrer, die sich um Räume in der Schule oder freie Zeiten für die Nachhilfe kümmern. Mal gibt es vor Ort kaum Studierende, die sich als Tutoren beim Chancenwerk e.V. engagieren wollen.

Dennoch setzt sich das Geschwisterpaar ehrgeizige Ziele. Mitte 2018 wollen sie bereits 5.000 Schüler erreichen. Mittelfristig peilen sie 10.000 an. Es gehe doch darum, dass jede und jeder das Bestmögliche aus sich machen könne. Dafür brauche man Vorbilder, sagt Şerife Vural. »Wenn man Ziele hat, kann man sie trotz sprachlicher Probleme erreichen. Dafür muss es eben einmal ›Klick!‹ bei dir machen. Die Schüler müssen immer wieder Erfolgsgeschichten hören, um zu sehen, dass auch sie es schaffen können.«

Dass sie es hier schaffen können, muss in der Zukunft auch immer mehr Zuwanderern klargemacht werden. Denn Deutschland braucht sie. Soll die Zahl der Arbeitskräfte auch in den nächsten Jahrzehnten auf dem heutigen Niveau bleiben, reicht der langjährige Durchschnitt von 200.000 Zuwanderern pro Jahr bei Weitem nicht. Dafür braucht es eine jährliche Nettozuwanderung von 400.000 Menschen, prognostiziert das Institut für Arbeitsmarkt- und Berufsforschung. Schon jetzt klagen einige Branchen darüber, dass sie keine Fachkräfte mehr finden. Hier könnten Zuwanderer einspringen. Doch noch scheitert diese Lösung an zwei Problemen: Erstens fehlen den Zuwanderern häufig die nötigen Sprachkenntnisse. Und zweitens fehlen den potenziellen Arbeitgebern meist die Kontakte und Strategien, um Fachkräfte aus dem Ausland erfolgreich anzuwerben. Zwei junge Social Entrepreneurs aus Frankfurt wollen das ändern.

Institut für Arbeitsmarkt- und Berufsforschung (IAB), 1967 in Nürnberg gegründet. Forschungseinrichtung der Bundesagentur für Arbeit.

SOCIAL
IMPACT
LAB
FRANKFURT
BUSINESS
SEI

Ein kühler Vormittag vor einem großen, modernen Gebäude in Frankfurt-Bockenheim. Ein sportlicher, junger Mann mit blonden Haaren kommt über die Straße gelaufen. Mit einem Lächeln im Gesicht grüßt er, geht ins Gebäude und steigt in den Aufzug. Sein Ziel ist die zweite Etage, das Social Impact Lab. Ein offenes, geräumiges Büro mit Schreibtisch-Gruppen und einem großen Ecksofa. Im Social Impact Lab tummeln sich junge Gründer, die mit ihrer Geschäftsidee erfolgreich durchstarten wollen. Alles Leute, die nicht nur Geld verdienen, sondern auch gesellschaftlichen Nutzen stiften wollen. Auch einige ehemalige Banker und Unternehmer, die den jungen Gründern als Ratgeber zur Seite stehen, haben im Büro ihren Arbeitsplatz.

2014 eingerichtetes Gründerzentrum zur Förderung von Social Entrepreneurs.

Der blonde, junge Mann heißt Kai Hübner. Der 27-Jährige hat gemeinsam mit seinem Geschäftspartner Matthias Gilch das Social Start-up Linguedo gegründet. Ihre Idee: Pflegekräfte aus dem EU-Ausland an deutsche Krankenhäuser zu vermitteln – und sie vor dem Berufsstart in ihrer Heimat auf die Bedingungen hierzulande vorzubereiten. Besonders wichtig ist den Gründern, dass sich die Pflegekräfte schon bei ihrem Start in Deutschland sprachlich gut verständigen können. Ein Ziel, das auch in ihrem Start-up-Namen Ausdruck findet, in dem das lateinische Wort für Sprache – »lingua« – steckt. Seit knapp einem Jahr sind sie aktiv; seitdem sitzen die Gründer als Stipendiaten des Social Impact Lab in dem Frankfurter Großraumbüro.

Momentan arbeitet das Start-up an seinem ersten großen Projekt. Das Klinikum Rechts der Isar in München möchte 36 neue Pfleger einstellen – und Linguedo soll sie vermitteln. Um Mitternacht ist die Bewerbungsfrist abge-

Mitarbeiter von Linguedo im Social Impact Lab

laufen. Jetzt heißt es für die beiden Linguedo-Gründer: Lebensläufe von Bewerbern lesen und die passenden Bewerber in Kontakt mit dem Klinikum bringen. Mitgründer Gilch sitzt schon wieder konzentriert vor seinem Laptop. Der 26-Jährige steht in ständigem Telefonkontakt mit seinem Ansprechpartner beim Klinikum. Er wirkt frisch und motiviert, obwohl er mit Hübner und seinen anderen Kollegen am Tag zuvor erst spät in der Nacht das Büro verlassen hat. Bei ihrem ersten großen Auftrag wollen die Jungunternehmer natürlich besonders überzeugen.

Das Team der beiden Gründer besteht derzeit aus einer Handvoll fester Mitarbeiter, einem Praktikanten und einigen Sprachlehrern. Als ihre große Stärke sehen die Gründer die innovative Sprachvermittlung. Innerhalb weniger Monate bringt das Start-up die ausländischen Pflegekräfte auf ein Sprachniveau, das ihnen die Arbeit in deutschen Krankenhäusern ermöglichen soll. Konkret funktioniert das so: Linguedo erwartet von den Bewerbern, dass sie vier Stunden pro Tag Deutsch lernen: drei Stunden Selbststudium und eine Konversationsstunde mit einem Sprachlehrer über Skype.

Im Gegenzug garantiert ihnen das Start-up einen Job in einem deutschen Krankenhaus, sofern sie ihren Sprachkurs am Ende des Programms bestehen. Die Arbeit mit Sprachtools aus dem Internet soll den Pflegekräften das Lernen erleichtern. Und Hausaufgaben vom Sprachlehrer gibt es auch. Wichtig dabei: Der Spaß soll nicht zu kurz kommen. Eine Hausaufgabe kann zum Beispiel sein, eine Comedy-Serie auf Deutsch anzuschauen. Außerdem kümmert sich das Start-up um alles, was für eine langfristig erfolgreiche Vermittlung wichtig ist: Interviews mit den Bewerbern, eine Reise für ausgewählte Kandidaten nach München, um die Stadt kennenzulernen, die Suche nach einer Wohnung, Behördengänge in Deutschland.

Seit Anfang 2016 widmen sich die Gründer in Vollzeit ihrem Projekt. Die Geschäftsidee gibt es allerdings schon länger. Schon während des Studiums in München stellte sich Matthias Gilch die Frage, wie man möglichst effektiv und mit Spaß Sprachen lernen könnte. Seine damalige Freundin musste dringend Deutsch lernen, um an der Uni Fuß zu fassen. »Wir haben uns damals zusammengesetzt und gesagt: So wie wir aktuell Sprachen lernen, macht es keinen Spaß. Es funktioniert nicht richtig und irgendwie muss das besser gehen«, erklärt Gilch. Er sprach mit verschiedenen Instituten, recherchierte im Internet. Während eines Aufenthalts in Italien wurde er dann mit der schwierigen Situation der Krankenpfleger auf dem italienischen Arbeitsmarkt konfrontiert. Entweder waren sie arbeitslos oder unterbezahlt.

Zunächst aber ging Gilch für ein Jahr nach Berlin. Bis er auf die Idee kam, mit einem innovativen Sprachkurs den Krankenpflegern aus Italien Deutsch beizubringen und sie an deutsche Krankenhäuser zu vermitteln. Er rief Hübner an, den er aus seiner Studienzeit kannte, um ihn als Partner zu gewinnen. Hübner bat um kurze Bedenkzeit – und sagte zu. Schließlich wollten beide schon immer ihr eigenes Unternehmen gründen.

Jetzt versuchen die beiden Jungunternehmer, ihren Traum zu verwirklichen. Ihre Auftraggeber sind deutsche Krankenhäuser. Pflegekräfte sind hierzulande extrem knapp, zumal in den teuren Ballungsräumen Süddeutschlands. Doch den Kliniken fehlt das Know-how, ausländische Kandidaten ausfindig zu machen und vorzubereiten. Einige Großaufträge von Krankenhäusern hat Linguedo mittlerweile an Land gezogen. Noch macht die Firma aber Verluste. Die Gründer finanzieren das Unternehmen und haften mit ihren persönlichen Vermögen. Nur ihre Mitarbeiter bekommen einen Lohn, die beiden Gründer selbst gehen noch leer aus. Derzeit leben sie von ihren eigenen Ersparnissen aus früheren Jobs. Bevor sie das Stipendium in Frankfurt bekamen, wohnten sie eine Zeit lang bei ihren Eltern, um die Miete zu sparen.

2013 arbeiteten 3.285 Pflegekräfte aus Italien in Deutschland.

Warum tun sie das? Geld sei nicht ihr Hauptantrieb, sagen Hübner und Gilch. Wichtig sei ihnen, dass sie mit ihrem Unternehmen anderen Menschen helfen könnten. Einerseits den Krankenpflegern, denen sich in Deutschland eine neue Perspektive bietet. Andererseits den Krankenhäusern, die dringend neue Pflegekräfte brauchen. Und irgendwo auch dem Staat, der noch keine Lösung für den Fachkräftemangel gefunden hat. »Ich hatte neulich ein Angebot von einer großen Firma, die mir 90.000 Euro im Jahr geboten hat«, sagt Hübner. »Aber abgesehen davon, dass wir uns hoffentlich bald ordentliche Gehälter zahlen können, stelle ich mir die Frage: Was bringt mir das Geld, wenn ich stattdessen Leuten ins Gesicht schauen kann, die mich anstrahlen und mir sagen: ›Ich bin so dankbar, dass ich das mit euch erleben durfte‹? Das kannst du mit Geld nicht aufwiegen.« Auch wenn der Profit für die Jungunternehmer offensichtlich nicht an erster Stelle steht – zuversichtlich wirken sie schon, dass sie in absehbarer Zeit mit ihrem Unternehmen gut verdienen werden.

Das Projekt bleibt eine Wette auf die Zukunft. Doch die Pläne von Hübner und Gilch sind raumgreifend. Sie setzen auf Wachstum. Andere Branchen sollen hinzukommen, Erzieher zum Beispiel. Oder das Handwerk, wo Unternehmen keine Auszubildenden mehr finden. Und dem Gründerduo ist klar, dass sie künftig auch außerhalb der EU nach Fachkräften suchen müssen, wenn es nämlich in Ländern wie Italien, Kroatien oder Ungarn, in denen Linguedo momentan Pfleger anwirbt, keinen Fachkräfteüberschuss mehr gibt. Gerade einige Länder in Osteuropa werden in Zukunft durch die Alterung ihrer Bevölkerung vor noch größeren Problemen stehen als Deutschland. Als Nächstes wollen die Gründer deshalb Kontakte nach Brasilien knüpfen. Ein Land mit vielen jungen Menschen, denen die Perspektive fehlt. Auf diesem Feld sind die jungen Gründer Vorreiter. Denn noch hat sich der Staat keine konkrete

2017 liegt die Arbeitslosenquote in Brasilien bei rund zwölf Prozent.

Zuwanderungsstrategie überlegt, mit der er den sich ändernden demographischen Bedingungen entgegentreten könnte.

Sie hätten eine Vision, sagt Hübner. »Wir wollen der Dienstleister werden, der Nichtakademiker aus dem Ausland nach Deutschland begleitet. Weil die Leute wissen: Die sind ehrlich und die begleiten mich auf diesem nicht so einfachen Weg. Die Leute sollen sagen: Wenn ich nach Deutschland gehe, dann mit Linguedo. Weil ich weiß, dass die mich super betreuen.« Dass sie mit ihrem Geschäftsmodell auch dem Staat helfen, den Fachkräftemangel in der Pflege einzudämmen, ist für die Gründer zweitrangig. »Natürlich entlasten wir den Staat ein Stück weit. Aber primär tun wir etwas für die Menschen und für die Krankenhäuser«, sagt Hübner.

Nach dem Essen hat er es sich in einem dunkelblauen Sitzsack gemütlich gemacht. Auf seinem Schoß sein Laptop, schwarz-weiße Kopfhörer in den Ohren. Konzentriert tippt er auf der Tastatur. Am Schreibtisch nebenan sitzt Geschäftspartner Gilch. Die wichtigste Arbeitsphase des Tages beginnt. Bei ihrem ersten richtig großen Auftrag wollen Hübner und Gilch ihren Kunden, das Klinikum Rechts der Isar, überzeugen. Sie bauen darauf, dass das Klinikum Linguedo anschließend an andere Krankenhäuser weiterempfiehlt. 36 neue Pfleger will das Klinikum einstellen, 740 Bewerbungen sind bei Linguedo eingegangen.

Gründer Kai Hübner

SOCIAL
IMPACT
LAB

Deutschland wird immer älter

Die Alterung der deutschen Bevölkerung zeigt sich vor allem an der Zahl der Hochbetagten. Im Jahr 2013 lebten etwa 4,4 Millionen Menschen in Deutschland, die 80 Jahre oder älter waren. 2050 werden es fast zehn Millionen sein. Die Bevölkerung im Erwerbsalter, also Menschen zwischen 20 und 64 Jahren, schrumpft. Bis 2030 könnte ihre Zahl um fünf Millionen zurückgehen. Schon dann wird die Höhe der Zuwanderung das Ausmaß der Schrumpfung maßgeblich beeinflussen. Das Institut für Arbeitsmarkt- und Berufsforschung prognostiziert, dass Deutschland jährlich eine Nettozuwanderung von 400.000 Menschen braucht, um sein Arbeitsangebot auf dem heutigen Niveau halten zu können.

Medianalter der Bevölkerung von Deutschland, 1950–2060

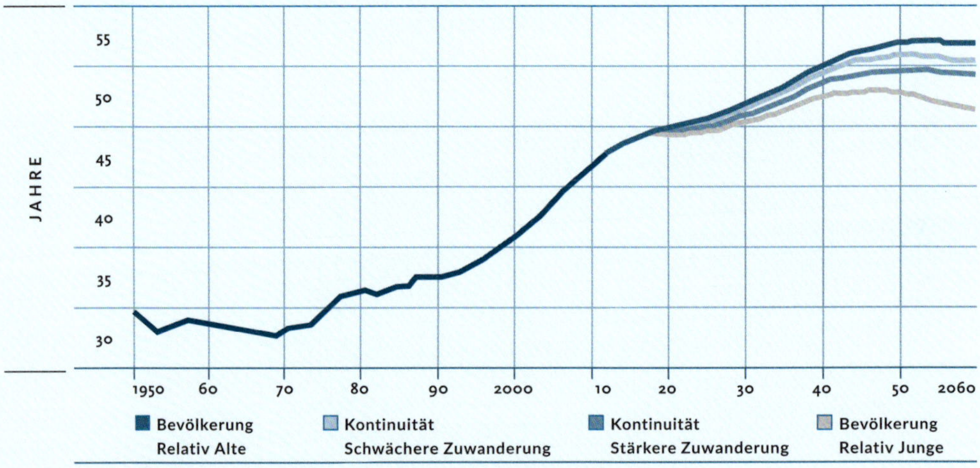

Ab 2014 Ergebnisse der 13. koordinierten Bevölkerungsvorausberechnung
Quelle: Statistisches Bundesamt. 13. koordinierte Bevölkerungsvorausberechnung 2015

Die Statistischen Ämter von Bund und Ländern erstellen in regelmäßigen Abständen Bevölkerungsvorausberechnungen. Die Vorausberechnungen beruhen auf Annahmen zur Geburtenhäufigkeit, zur Lebenserwartung und zu Zuzügen und Fortzügen. Die 13. Bevölkerungsvorausberechnung zeigt veschiedene mögliche Szenarien vom IST-Jahr 2013 bis zum Jahr 2060. Die Grafik zeigt die möglichen Veränderungen des Medianalters; es teilt die Gesamtbevölkerung in eine jüngere und eine ältere Hälfte. Im Jahr 2013 betrug das Medianalter 45 Jahre; es steigt schnell und bewegt sich anschließend in allen Szenarien auf einem hohen Niveau. Nur bei steigender Geburtenrate wird es ab Ende der 2040er-Jahre wieder sinken.

Zahl der Social Entrepreneurs und Ehrenamtlichen muss steigen

Um das Leitbild Soziale Marktwirtschaft, so wie wir es heute kennen, auch für die Zukunft tragfähig zu machen, braucht es in Zukunft das Engagement von Social Entrepreneurs und Ehrenamtlichen mehr als zuvor. Im Jahr 2014 engagierten sich 31 Millionen Deutsche ehrenamtlich in ihrer Freizeit. Etwa ein Drittel der Ehrenamtlichen war schon seit mehr als zehn Jahren aktiv. Insgesamt ist die Zahl der Ehrenamtlichen zwischen 1999 und 2014 um knapp zehn Prozentpunkte gestiegen. Was die Zahl der Sozialunternehmen angeht, gibt es keine aktuellen Zahlen. Das Mercator Forschungsnetzwerk Social Entrepreneurship kam auf eine Zahl von 244 Sozialunternehmen in Deutschland im Jahr 2011.

Anteile freiwillig engagierter Personen, 2014 (in Prozent)

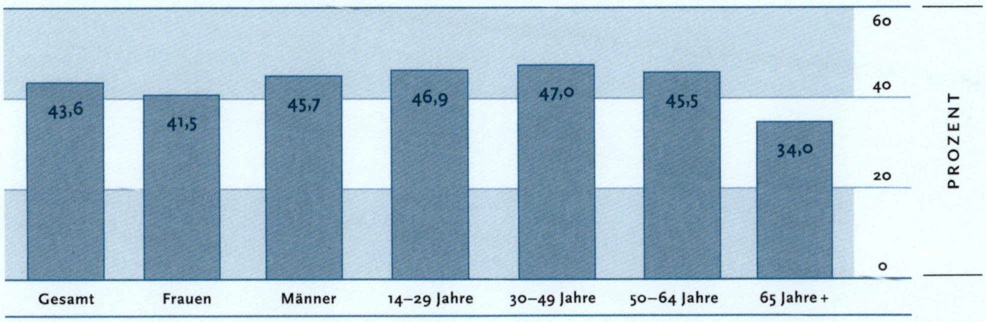

Angaben gesamt, nach Geschlecht und Alter
Quelle: Bundesfamilienministerium. Freiwilligensurvey 2014

Das Diagramm zeigt den Anteil freiwillig engagierter Personen in Deutschland im Jahr 2014 nach Geschlecht und Alter sowie insgesamt an.

E

Die Autorinnen und Autoren

Mona Ameziane (*1994) hat im Jahr 2013 ihr Journalistik-Studium an der Technischen Universität Dortmund begonnen. Im Nebenfach studiert sie ihre zweite Muttersprache Französisch. Ihre familiären Wurzeln liegen in Marokko, wo sie während ihrer Schulzeit ein Jahr verbrachte. Von Oktober 2015 bis Oktober 2016 absolvierte sie ihr journalistisches Volontariat beim Westdeutschen Rundfunk in Köln und arbeitet seitdem als freie Journalistin in den Bereichen Hörfunk und Fernsehen. Außerdem moderiert sie beim WDR 5 Kinderradio das Programm KiRaKa.

Laura Bethke (*1990) studierte in Bamberg und Budapest »European Economic Studies« und schloss im Jahr 2014 mit einem Bachelor an beiden Universitäten ab. Um ihrer Leidenschaft zu folgen, entschied sie sich anschließend für den Masterstudiengang »Economics und Journalismus« an der Technischen Universität Dortmund. Sie arbeitete bereits für den Westdeutschen Rundfunk, das *Manager Magazin* und war im Video-Blogging-Team des Global Economic Symposiums 2015. Während ihres Studiums in Dortmund arbeitete sie für das Dortmund Center für datenbasierte Medien-Analyse (DoCMA).

Andreas Esche (*1962) ist Director des Programms Nachhaltig Wirtschaften der Bertelsmann Stiftung in Gütersloh. Er arbeitet seit 1996 für die Bertelsmann Stiftung, zunächst als Leiter der Abteilung Wirtschafts- und Sozialpolitik. Von 2003 bis 2008 war er Leiter des Querschnittsprojekts Aktion Demographischer Wandel. Bevor Andreas Esche zur Bertelsmann Stiftung kam, war er als Projektleiter bei der Prognos AG in Basel/Schweiz und als Senior Consultant am Centre Européen d'Expertise en Evaluation in Lyon/Frankreich tätig.

Jil Frangenberg (*1994) studiert Journalistik mit Nebenfach Anglistik an der Technischen Universität Dortmund. Bis 2016 volontierte sie bei der *Hessisch Niedersächsischen Allgemeinen* in Kassel. Für die *Rheinische Post* war sie als freie Mitarbeiterin tätig und absolvierte Stationen unter anderem beim ZDF und beim Burda Verlag. Mit der Geschichte »Leben am Tresen« erzählt sie ein Stück Lebensgeschichte ihrer Großmutter Lotte Frangenberg. Die Entwicklung der Kneipe Hasenburg in Radevormwald hat sie seit den 1990er-Jahren selbst miterlebt.

Armando García Schmidt (*1971) leitet das Projekt »Inklusives Wachstum für Deutschland« der Bertelsmann Stiftung. Nach dem Studium der Geschichtswissenschaft und Beschäftigung als Historiker ist er seit 2001 für die Bertelsmann Stiftung tätig. Hier arbeitete er zunächst zu europapolitischen Themen und verantwortete die Arbeit der Stiftung u.a. zu den deutsch-spanischen Beziehungen und zur Erweiterungspolitik der EU. Aktuell arbeitet er zu wirtschaftspolitischen Fragestellungen.

Judith Koch (*1989) studiert Journalistik und Politikwissenschaften an der Technischen Universität Dortmund und ist freie Autorin beim Westdeutschen Rundfunk, wo sie von 2015 bis 2016 ihr Volontariat absolvierte. Von Februar bis Juni 2017 studierte sie an der Università degli Studi di Perugia in Italien und arbeitete nebenbei für den WDR Hörfunk.

Besim Mazhiqi (*1979) arbeitet seit 2009 als Fotograf. Er hat Sprachwissenschaften, Literaturwissenschaften und Philosophie studiert, bevor er sich zum Redakteur ausbilden ließ. Neben Foto- und Bildbearbeitungs-Workshops gehören vor allem die Reportage- und Portrait-Fotografie zu seinen Lieblingssujets. Seine Fotos werden in diversen nationalen und internationalen Magazinen veröffentlicht. In unregelmäßigen Abständen schreibt er ebenfalls Gastbeiträge für bekannte Fotografie-Blogs in Deutschland.

Henrik Müller (*1965) ist Professor für wirtschaftspolitischen Journalismus am Institut für Journalistik der Technischen Universität Dortmund. Neben dem Studium der Volkswirtschaftslehre in Kiel und der Promotion in Hamburg absolvierte er die Deutsche Journalistenschule in München. Er arbeitete für verschiedene Medien, zuletzt als stellvertretender Chefredakteur des *Manager Magazins*, und veröffentlichte diverse Bücher. Für seine Arbeit wurde er mit dem Georg-von-Holtzbrinck-Preis, dem Friedrich-Vogel-Preis und dem Helmut-Schmidt-Journalistenpreis ausgezeichnet.

Anjoulih Pawelka (*1987) arbeitet als freie Journalistin und studiert im Examenssemester Journalistik und Wirtschaft an der Technischen Universität Dortmund. Ihre Tätigkeitsfelder sind derzeit verschiedene Funktionen im Hörfunk sowie die freie Mitarbeit für verschiedene regionale Tageszeitungen und Magazine. Sie präferiert tagesaktuelle, wirtschaftliche und soziale Themen und stellt in ihren Artikeln gern den Menschen in den Mittelpunkt. Ehrenamtlich engagiert sie sich aktiv in der Pressearbeit und im Vorstand einer regionalen Organisation der Flüchtlingshilfe.

Daniel Schmitz (*1994) studiert seit 2013 Wirtschaftspolitischen Journalismus an der Technischen Universität Dortmund. Nebenbei arbeitet er als Reporter für den Westdeutschen Rundfunk. Seine Leidenschaft für das Medium Radio entwickelte er während eines Praktikums beim Lokalsender Radio Essen. Danach absolvierte er ein Jahresvolontariat bei Radio Bremen. Als Kind des Ruhrgebiets interessiert er sich natürlich für Fußball, durchs Studium kam das Interesse an Wirtschafts- und Politikthemen hinzu.

Ben Schröder (*1992) studiert Wirtschaftspolitischen Journalismus an der Technischen Universität Dortmund. Nach einem Volontariat beim *Kölner Stadt-Anzeiger* lebt und arbeitet er seit 2016 in Köln. In seinen bisherigen Veröffentlichungen (u.a. in der *Rheinischen Post* und im *Tagesspiegel*) beschäftigte er sich schwerpunktmäßig mit den Themen Handel, lokale Wirtschaft, nationale und europäische Politik und Inklusion.

Claudia Wiggenbröker (*1990) studiert seit 2013 Wirtschaftspolitischen Journalismus an der Technischen Universität Dortmund. Von 2015 bis 2016 absolvierte sie ein Jahresvolontariat beim Hessischen Rundfunk in Frankfurt. Sie ist als freie Journalistin tätig, u.a. für die ARD Börse.

Insights into German reality

We began by asking: "How's it going, Germany?" wanting to explore the state of our society. Though simply formulated, the question is far from simple to answer. Indeed, shrill voices often dominate current debates, the nation's self-image is made up of the very poor and the very rich, the happy and the desperate – resulting in media images of our society that are all too easy to caricature.

This book offers an alternative to this. In eight reported pieces, young journalists, all of them students at the Technical University of Dortmund, tell stories about ordinary people representative of the normal Germany.

Several of the pieces follow an intergenerational arc: In his piece ("Because Nothing Stays the Way It Is"), Ben Schröder shows how different regions are handling structural change, comparing developments in the city of Sonneberg with the city of Leverkusen. In her text ("Being Better Than My Father"), Mona Ameziane depicts three women from three generations who together illustrate the expansion of education in recent decades. In "Street Credibility," Judith Koch depicts the societal consequences of reunification through the portrait of a single street in Leipzig. In her text ("Life At the Bar"), Jil Frangenberg tells of the past 50 years of changes in the life of an initially prospering city.

Some of the pieces focus on phenomena at the margins of today's society. Laura Bethke's contribution ("At the Edges of the Boom") explores how, in an era of skilled-worker shortages, millions of people can still be unemployed or underemployed. In "Beyond Feuchtwangen" Claudia Wiggenbröker describes the contradictory feelings driving fears of globalization. Because neither society or an economy can function without businesspeople, two of the stories deal with this group. In her text ("The Drama of Daily Life"), Anjoulih Pawelka follows the daily working lives of two self-employed people, identifying what motivates and concerns this group, which is so central to our economy and society. Finally, with "The New Hope-Bearers," Daniel Schmitz asks if social entrepreneurs – those who aim to make money while solving social problems – can help if the state finds itself overwhelmed by societal challenges.

These pieces are bolstered by photojournalist Besim Mazhiqi's pictures, which add a visual language that is as powerful as it is laconic.

Taken together, these reports show a society in motion that is far from resting satiated on its laurels and comprised of members who take their futures actively into hand. It is the portrait of a diverse nation that sometimes regards itself in bewilderment because it has changed so much – and yet nevertheless recognizes itself. Truly an encouraging result.

Das vorliegende Buch ist das Ergebnis einer Zusammenarbeit
zwischen der Bertelsmann Stiftung und dem Institut für Journalistik
der Technischen Universität Dortmund.

Bibliografische Information der Deutschen Nationalbibliothek
Die Deutsche Nationalbibliothek verzeichnet diese Publikation
in der Deutschen Nationalbibliografie; detaillierte bibliografische Daten
sind im Internet unter htp://dnb.dnb.de abrufbar.

Verantwortlich für die Bertelsmann Stiftung: Armando García Schmidt
Verantwortlich für das Institut für Journalistik der Technischen Universität
Dortmund: Prof. Dr. Henrik Müller
Redaktion: Henrik Müller, Armando García Schmidt
Lektorat: Sibylle Reiter, Finning
Herstellung: Sabine Reimann
Gestaltungskonzept und Layout: Büro für Grafische Gestaltung –
Kerstin Schröder, Frank Rothe, Bielefeld / Berlin
Umschlag- und Inhaltsfotos: Besim Mazhiqi, Schloß Holte-Stukenbrock
Fotos Seiten 30, 32, 33, 64 von privat; Foto Seite 62 Stadtarchiv Radevormwald
Autorenfotos: Annika Fußwinkel; Julian Rohr; Kai Uwe Oesterhelweg;
Lynn Frangenberg; Eva Blank; Foto Prein; Besim Mazhiqi; Gerret von
Nordheim; Friederike Schernau; Daniel Schmitz; Günter Scholz;
Picture People
Druck: Hans Gieselmann Druck und Medienhaus GmbH & Co. KG, Bielefeld

ISBN 978-3-86793-792-4 (Print)
ISBN 978-3-86793-829-7 (E-Book PDF)
www.bertelsmann-stiftung.de/verlag

FSC
www.fsc.org
MIX
Papier aus verantwortungsvollen Quellen
FSC® C014734